Josef Broich
Körper- und Bewegungsspiele

Josef Broich, geboren 1948, studierte Betriebswirtschaft, Pädagogik, Soziologie und Psychologie in Köln. Aus seiner spielpädagogischen Praxis mit unterschiedlichen Zielgruppen entstand auch dieses Buch. Im Maternus Verlag sind von ihm u. a. auch die Spielebücher *Anwärmspiele, Gruppenspiele anleiten, Rollenspiele mit Erwachsenen* und *Sprachspiele* erschienen.

Josef Broich

Körper- und Bewegungsspiele

über einhundert neue Gruppenspiele

MATERNUS

Die Deutsche Bibliothek – CIP-Einheitsaufnahme

Broich, Josef:
Körper- und Bewegungsspiele: über einhundert neue Gruppenspiele /
Josef Broich. [Hrsg.: RAST Spiel und Theater Köln e. V., Köln]. –
2. Aufl. – Köln: Maternus, 1993
    ISBN 3-88735-002-2

© 1991 by Josef Broich / Maternus Verlag, Köln
Marternus Buchhandel und Verlag GmbH & Co KG
Severinstr. 76, W–5000 Köln 1
Printed in Germany 1993

Herausgeber: RAST Spiel und Theater Köln e. V., Köln
Umschlagfoto: Bewegungsimprovisation Lilli Schwethelm und
Susanne Moll vom Theater Mimikri, Büdingen/Fulda
Gesamtherstellung: Fuldaer Verlagsanstalt GmbH, Fulda
6 5 4 3 2   96 95 94 93
ISBN 3-88735-002-2

Übersicht

Mein Dank gilt allen, die mit Anregungen, Geduld, Neugierde das Entstehen der *Körper- und Bewegungsspiele* begleitet und ermöglicht haben.

Josef Broich

Einsatz von Spielen

Einleitung

Jeder bewegt, beansprucht seinen Körper. Die *Körper- und Bewegungsspiele* bieten einen spielerischen Umgang mit dem eigenen Körper, ermöglichen eine Bewegungsdynamik in Einheit von Körper und Geist.

Die neuen Bewegungsspiele haben sich in der Praxis mit Kindern, Jugendlichen, Erwachsenen und alten Menschen, bei Ferienaktionen, Feiern und Spielfesten bewährt. Der Spielleiter erhält die erforderlichen Informationen zum Spieleinsatz, zur Spielzeit und zur Größe der Gruppe.

Um in Bewegung zu kommen, sollten zu Beginn Spiele aus den

Kapiteln *Bewegen und ankommen* oder *Spiele für Zwischendurch* zum Einsatz kommen.

Zur Orientierung hier die Kapitelgliederung:

Spielformen

Der Körper in seiner Gesamtheit ist das wesentliche Ausdrucksmittel eines Menschen. Neben der körperlichen Erscheinung wie Größe, Gewicht, Dynamik hat jeder Mensch mit dem Körper die Fähigkeit zur Verständigung, zum Austausch mit Sprache und Darstellung.

Die Art der Bewegung entscheidet den Umgang mit anderen. Der Körper sagt mit seiner bewußten und unterschwelligen Wirkung auf andere ja oder nein.

Im Spiel ist jedes körperliche Ausdrucksmittel in Bewegung. Bewegung heißt Kontakt und den will jeder. Im Spiel Kontakt haben heißt, sich in Als-ob-Situationen ausprobieren und sanktionslos handeln zu können.

Spielen ist kein Schonraum, da keiner eine Spielhandlung von

10

einer Alltagssituation in seinem Grundverhalten unterscheidet. Sympathie im Spiel überträgt sich auf Sympathie im Alltag. Jede Handlung sendet Informationen, die der Empfänger verwertet und ihn zu Reaktionen veranlaßt. Körper- und Bewegungsspiele verdichten Verhalten, verkürzen wahrnehmbare Reaktionen.

Jeder spiegelt sich mit seinen Bewegungen selbst und bietet anderen in Bewegung einen ihm möglichen Kontakt an. Daher gibt es auch keine falsche Bewegung.

Das ist ein Angebot an Einfachheit, die sich als Faszination und als Liebe zum Detail bei körperaktiven Szenen und der Darstellung eigner Geschichten spiegelt. Mit Lust einen bewegenden Umgang mit anderen zu pflegen, der es ermöglicht, auch mit sich selbst in Bewegung zu sein.

Spielort

Die Körper- und Bewegungsspiele sind fast alle für drinnen und draußen nutzbar.

Bodenübungen in Räumen mit Teppich-, Holz- oder Schwingboden erfordern für jeden Teilnehmer eine Bewegungs- bzw. Liegefläche von etwa drei Quadratmetern.

Bei einem harten Fußboden ist vor Spielbeginn für eine ausreichende Anzahl von Decken oder Matten zu sorgen.

Spielzeit

Die angegebenen Richtwerte bei den Spielen gehen von einem Zeitbedarf für altersgemischte Gruppen mit zwölf bis sechzehn MitspielerInnen aus.

Eine Reservezeit ermöglicht einen individuellen Spielfluß ohne Zeitdruck.

Alter der MitspielerInnen

Die Frage nach dem Alter der MitspielerInnen scheint sich bei Körper- und Bewegungsspielen auszuschließen. Und doch hat sie eine Berechtigung, da keiner aufgrund seines Alters von den Spielen ausgeschlossen ist.

Als Mindestalter ist von etwa zehn Jahren auszugehen.

Gruppengröße

Als Richtwert gilt eine Teilnehmerzahl von sechs bis dreißig MitspielerInnen. Der bei den Spielen angegebene Richtwert soll allen Beteiligten einen sinnvollen und nutzbringenden Spielverlauf ermöglichen.

Hinweise für den Spielleiter

Ein langsames und deutliches Vorlesen des Spieltextes reicht zum Veranschaulichen der Spielvorschläge. Hierbei kann der Spielleiter die Spieltexte seinem sprachlichen Ausdrucksvermögen angleichen.

Jedem Buchkapitel gehen Empfehlungen zum Spieleinsatz mit Informationen zu den Rahmenbedingungen und inhaltlichen Schwerpunkten der vorgestellten Spiele voraus.

Die Übungsabläufe und die Spielzeiten sind bei der Nutzung zu eigenen Spielvariationen beizubehalten. Bei Unsicherheit während der Spieldarbietung sind die MitspielerInnen zu fragen, ob die Texteingabe verstanden wird, ob sie zu schnell oder zu langsam erfolgt. Der eigene Stil ist bei der gleichen Spielgruppe als Orientierung beizubehalten.

Es spielen Menschen miteinander, die Lust auf Reibung, auf offenen Streit, auf gemeinsames Erleben haben. Der Spielleiter wird dabei als Animateur, als Partner anerkannt. Jeder hat dabei sein eigenes Handeln und die Anregungen anderer ernst zu nehmen.

Einer provoziert und animiert, der andere verhält sich sachlich oder einladend. So erleichtert eine regionale Spracheinfärbung einem Spielleiter das Eis zu brechen.

Bildung von Zweiergruppen

Manche Spiele sind als Paarübungen angelegt. Schon das Bilden der Zweiergruppen ist ein spannendes Spiel.

Die freie Partnerwahl ist wegen der gleichen Partnerwahl häufig ein Festhalten an Gewohntem. Nicht jeder kann ein Risiko bei der Kontaktaufnahme zu anderen eingehen.

Ein Reiz ist es, spielerisch gleiche Bedingungen für alle zu ermöglichen. Hier Anregungen zur Bildung von Zweiergruppen:

Form A: Doppelkarussel

Es werden zwei Kreise gebildet.
Jeder stellt sich Rücken an Rücken.
Alle des Innenkreises,
alle des Außenkreises fassen sich an den Hände.

Alle schließen die Augen,
drehen sich als Karussel in entgegengesetzter Richtung.

Auf ein Zeichen des Spielleiters (= *Händeklatschen*) bleiben alle stehen.

Wieder steht jeder Rücken an Rücken.
Jetzt heißt es:
Drehe dich um,
öffne deine Augen
– dein Partner.

Form B: Wechselpaar

Alle stellen sich zu zweit nebeneinander.
Einer sieht nach vorne,
der andere nach hinten.

Die Paare drehen sich,
drehen sich schneller.

Dann wechseln die Paare mehrmals in den tänzerischen Bewegungen ihre Partner.

Auf ein Zeichen des Spielleiters wird mehrmals im Bewegungsfluß eingefroren.

Beim fünften Einfrieren hält jeder seinen Spielpartner an den Händen.

Form C: Zusammenstoß

Alle gehen durch den Raum,
schließen die Augen.

Auf ein Zeichen des Spielleiters beugt jeder seinen Oberkörper nach vorne, geht rückwärts weiter.

Spielpartner wird der,
dessen Po zuerst auf einen anderen Po stößt.

Hintergrundmusik

Bei Spielabläufen mit einem einfühlsamen und bewegungsöffnenden Charakter bietet sich neben der Spieltextansage auch der zeitgleiche Einsatz von begleitender Musik an. Hier einige Titelempfehlungen:

Für Spiele und Übungen beim Heben, Senken, Strecken:

Bo Hansson *Music inspired by Lord of the Rings* (The famous charisma label 6369 924 LP).

Für Spiele und Übungen beim Kommen, Finden:

Samskara *Chreating the golden sparrow* (Manufactured and distributed by Raja Yoga centres of Australia, MC).
Andreas Vollenweider *Caverna Magica* (CBS 25 265 LP).

Für Spiele und Übungen beim Ankommen, Loslassen:

Jean-Michel Jarre *Equinoxe* Part. 6-8 (Francis Dreyfus Music / Polydor Germany 2344120 LP, 3100478 MC).
Philip Glass *Koyaanisqatsi from the Hopi language* (Island Records 205626 LP).
Andreas Vollenweider *Behind the Gardens* (CBS 85545 LP).
George Winston *Autumn piano solos September / October* (Teldec / Windham Hill Records TA-C 6.25991 AP LP).
George Zamfir et Marcel Cwellier *Improvisations pour Flute de pan et Orgue* (disques festival FLD 550 LP).

Für Spiele und Übungen beim Gehen, Bewegen:

Al Jarreau *High Crime* (WEA 250 807-4 MC).
Pink Floyd *Atom heart mother* Side Two, Part. 1 *If* and Part. 4 *Alan's psychedelic breakfast* (EMI Music Publishing Germany / Harvest Middlesex England No. 1 C 062-04 550 n LP).
Sounds of silence *Stille* (Polydor International Germany 415 908-2 CD).

Bedrich Smetana *Die Moldau* Part. 2 – Aufnahme der Berliner Philharmoniker – (Polydor International / Deutsche Grammophon 423 384-2 CD).

Zur Anrede

Die Anreden Mitspieler, Teilnehmer, Spielpartner und Spielleiter gelten gleichermaßen auch für Mitspielerinnen, Teilnehmerinnen, Spielpartnerinnen und Spielleiterinnen.

Um die Spielansagen möglichst kanpp zu halten, wurde bei den Spieltexten meistens die männliche Anredeform verwendet. Ähnliches gilt auch bei der Du-Anrede, die den Umgang miteinander erleichtert.

Erstes Kapitel:
Bewegen und ankommen

Zum Spieleinsatz

Jede Spielserie sollte mit bewegungsintensiven Spielen beginnen. Die Spiele eignen sich für einen wiederholten Einsatz mit einem hohen Wiedererkennungseffekt. Als Spielraum benötigt jeder Teilnehmer eine Fläche von mindestens drei Quadratmetern.

Spiele für MitspielerInnen, die sich untereinander kaum kennen:
Richtungswechsel,
Blitz,
Wir ranken,
Lockerungsübung,
Kauen und summen,
Raumbalance,
Ich bin ein Luftballon,
Hutträger,
Simsalabim und
Ebbe und Flut.

Spiele für MitspielerInnen, die sich untereinander kennen, sind neben den vorgenannten Übungen auch einsetzbar:
In der Tierwelt,
Generationssprung,
Geometrie,
Flugübung
Marionettenspiel,
Gruppenbild mit Stuhl
und Statue.

Richtungswechsel

10 – 15 Minuten
Ab 6 MitspielerInnen

Gehe durch den Raum. Werde schneller, noch schneller, laufe.
Nutze den ganzen Raum, auch die Ecken und Nischen.

Wenn du auf einen Gegenstand oder einen anderen Mitspieler triffst,
weiche im rechten Winkel scharf aus.

Ändere auf ein Zeichen (= *Händeklatschen*) die Laufrichtung.
Ändere auf ein Zeichen dein Tempo.
Gehe schnell,
gehe langsam,
laufe.

Ändere deine Laufrichtung nach jedem neuen Zeichen
- Zeichen in kurzen Abständen eingeben -.

Werde langsamer.
Gehe in deinem eigenen Rhythmus durch den Raum,
laß dir Zeit.

Werde langsamer,
noch langsamer.
Bleibe stehen.

Blitz

Bis 10 Minuten
Ab 6 MitspielerInnen

Wir verteilen uns gleichmäßig im Raum. Gehe in deine Richtung und mit deinem Tempo.

Gehe im Kreis.
Gehe im Zickzackkurs.

Berühre blitzschnell auf ein Zeichen (= *Händeklatschen*) ganz viele Nasen mit deiner Nase.

Pflücke blitzschnell auf ein Zeichen (= *Händeklatschen*) ganz viele Äpfel vom Baum.
Die Äpfel hängen sehr, sehr hoch.

Auf weitere Zeichen:

Du hast gestohlen.
Schleiche bltzschnell an der Ladenkasse vorbei.

Robbe blitzschnell unter dem Maschendraht her.

Springe blitzschnell als Frosch ans Land.

Fahre blitzschnell das Formel-I-Rennen auf'm Hockenheimring.

Werde langsamer,
noch langsamer.

Gehe spazieren.
Bleibe stehen.

In der Tierwelt

20 – 30 Minuten
Ab 8 MitspielerInnen

Wir gehen alle durch den Raum. Gehe für dich und in deinem Tempo. Tiere darstellen und dazu die passenden Geräusche machen – das machen wir gleich zusammen.

Du bist ein Elefant.
Bewege dich schwerfällig als Elefant.
Mache Geräusche als Elefant.

Du bist ein Rhinozeros.
Bewege dich als Rhinozeros.
Mache Geräusche als Rhinozeros.

Du bist ein hoppelndes Kaninchen.
Du bist ein gackernder Hahn.
Du bist ein keifender Köter.
Du bist ein flatternder Vogel.
Du bist ein kratzender Affe.

Spiele gemeinsam mit einem Partner, jeder in einer anderen Rolle.

Eine Wespe ärgert einen Hund.
Eine Waldameise verfolgt eine Schnecke.
Eine Katze menschelt mit einem Papagei.
Ein Hengst spielt mit einem Panther.
Eine Sau verfolgt ein Kücken.

Und jetzt alle zusammen:

Wir sind alle Kaninchen und machen ein Riesenfest.
Wir sind alle Spinnen und bauen uns ein Netz.
Wir sind alle Singvögel und bauen uns ein Nest.

Generationssprung

15 – 20 Minuten
Ab 6 MitspielerInnen

Wir verteilen uns im Raum, ohne einen anderen zu behindern. Atme langsam ein und in einem Zug aus. Atme möglichst mit der Nase ein und durch den Mund aus. Spanne beim Einatmen deine Hände zu Fäusten an, laß sie beim Ausatmen wieder los.

Zusammen machen wir jetzt einen Sprung durch die verschiedenen Generationen, werden ganz jung, ganz alt dabei.

Du bist sehr alt.
Du bist 117 Jahre alt.
Bewege dich als 117jähriger, als 117jährige.
Deine Glieder sind steif,
du bist tatterig,
trinkst gerne ein Korn,
kennst Lebensweisheiten.
Gehe langsam, ganz langsam durch den Raum, als hättest du unter deinen Füßen rohe Eier.

Eine Minute zum Eingewöhnen lassen.

Du wirst jünger, machst einen Alterssprung.
Jetzt bist du 79 Jahre alt.
Bewege dich als 79jähriger, als 79jährige.
Du hast Lust beim Spazierengehen.
Manchmal schmerzt der Rücken.
Regelmäßig gehst du schwimmen,
machst im Schwimmbad viel Quatsch,
fühlst dich wohl dabei.
Du bist selbstbewußt.

Du wirst jünger, machst einen Alterssprung.
Du bist 38 Jahre alt.
Gehe wie ein 38jähriger, wie eine 38jährige.
Du hast es schwer,
bist in einer Krise.
Du hast Zeit.

Du wirst jünger, machst einen Alterssprung.
Du bist jetzt siebzehn Jahre alt.
Bewege dich als 17jähriger, als 17jährige.
Das Leben schon hinter dir, meinst du.
Du gehst einmal schüchtern, einmal kess.
Wechsele deine Gangart, dein Tempo.
Laß dir Zeit.
Du bist das Nesthäckchen der Familie.

Du wirst jünger, machst einen Alterssprung.
Du bist drei Jahre alt.
Bewege dich als Dreijähriger, als eine Dreijährige.
Du bist mitten in der Trotzphase.
Du besuchst den Kindergarten,
spielst mit Puppen,
baust Legohäuser,
schleppst einen großen Ast herbei,
du zersägst ihn mit deiner Zahnbürste.
Du schaust unschuldig in die Wolken.

Du wirst jünger, bist ein Säugling.
Zwei Monate bist du alt.
Du liegst auf deinem Bauch,
liegst ruhig da.
Du schließt deine Augen,
träumst von bunten und eckigen Dingen zum Krachmachen.
Warm liegst du da,
eins mit dir,
eins mit der Welt.

Bis zu zwei Minuten verweilen.

Wir ranken

20 – 30 Minuten
Ab 8 MitspielerInnen
Hintergrundmusik empfohlen (s. S. 15 f.)

Gehe durch den Raum, ohne einen anderen zu behindern.
Lege dich auf den Boden.

Bleibe bei dir,
schließe deine Augen.

Du fängst an zu ranken.
Du wächst,
wirst größer,
noch größer.
Mache langsam beim Ranken.

Beginne beim Ranken mit den Fingern,
den Händen,
den Armen.

Ranke mit den Füßen,
den Beinen,
ranke mit dem Kopf.

Ranke mit dem Oberkörper,
dem ganzen Körper.
Ranke über dem Boden
seitwärts nach links,
seitwärts nach rechts.

Ranke hoch.
Ranke einfühlsam über die anderen,

ranke unter anderen her,
ohne sie zu erdrücken.

Deine Augen sind noch geschlossen.
Werde größer,
noch größer.
Dein Ranken endet erst,
wenn du nicht mehr weiterranken kannst.

Öffne deine Augen.
Verharre in deiner Größe,
bis auch die anderen Pflanzen ausgewachsen sind.

Ranke durch den Raum.
Ranke für dich,
ranke mit anderen.

Ranke durch- und ineinander,
ranke im Rhythmus.

Ranke mit anderen.
Mache langsam.
Du hast Zeit.

Lockerungsübung

20 Minuten
Ab 6 MitspielerInnen

Wir bilden einen Kreis.
Stelle dich bequem hin.

Hebe die linke Schulter,
halte inne,
laß die linke Schulter fallen.

Hebe die rechte Schulter,
halte inne,
laß die Schulter fallen.

Wiederhole das Heben,
das Fallenlassen im Wechsel von links und rechts
in deinem Rhythmus.

Atme beim Schulterheben ein.
Atme beim Fallenlassen aus.

Atme beim Schulterheben durch deine Nase ein.
Atme beim Fallenlassen durch deinen Mund aus.

Laß beim Ausatmen deinen Kopf aus der Mittellage nach vorne
fallen.
Richte deinen Kopf beim Einatmen auf.

Wiederhole das Heben und Senken deines Kopfes zusammen
mit dem Schulterheben und dem Fallenlassen in deinem
Rhythmus.

Laß beim Ausatmen ein Geräusch kommen,
ein Zischen.

Hebe deinen Kopf erst,
wenn du einatmen mußt.

Schaukel mit dem Kopf einmal nach links,
einmal nach rechts.
Mache langsam.

Rolle mit dem Kopf behäbig über die Schultern.
Rolle linksherum,
rolle rechtsherum.
Rolle mit deinem Kopf abwechselnd
kleine Kreise,
mittlere Kreise,
große Kreise.

Kreise mit den Schultern
nach vorne,
nach hinten.

Kreise mit dem Becken
linksherum,
rechtsherum.

Bewege das Becken – stelle dir vor, du hättest auf dem Kopf ein
gefülltes Glas Wasser stehen.

Kreise mit dem linken Bein.
Beginne beim Kreisen mit dem linken Fuß.

Kreise mit dem rechten Bein.
Beginne beim Kreisen mit dem rechten Fuß.

Bewege dich mit dem ganzen Körper.
Werfe die Arme,
werfe die Beine weg.

Schüttel den Körper aus.
Atme dabei tief durch die Nase ein und mit einem Stoß
durch den Mund aus.

Bewege dich im ganzen Raum.
Gehe auch in die Ecken, die Nischen.
Laß deine Arme beim Gehen baumeln.

Wippe mit dem Kopf,
als wärst du eine Stoffpuppe.
Tanze nach deiner Lust,
tanze nach deinem Können,
so wie dir ist.
Tanze mit dir in deinem Rhythmus.

Bewege dich tänzerisch
zu zweit,
zu dritt,
zu viert ... usw.

Du wirst langsamer,
noch langsamer.
Du bleibst stehen.

Rückendrücken

10 Minuten
Ab 6 MitspielerInnen

Stelle dich einem etwa gleichgroßen Spielpartner. Stellt euch
Rücken an Rücken. Geht gemeinsam los. Einer geht vorwärts,
einer geht rückwärts. Haltet Rückenkontakt mit den Schultern
und dem Gesäß. Findet einen gemeinsamen Rhythmus.

Anschließend Rollenwechsel.

Kauen und summen

10 Minuten
Ab 6 MitspielerInnen

Wir bilden einen Kreis. Halte soviel Abstand von deinem Nachbarn, daß du ihn bei ausgestreckten Armen nicht berühren kannst.

Atme langsam ein.
Atme durch deine Nase ein, atme durch deinen Mund aus.

Bilde beim Einatmen mit deinen Händen Fäuste,
laß beim Ausatmen deine Hände los.
Wiederhole das Ein- und Ausatmen in deinem Rhyhthmus.

Kaue mit deinem geöffneten Mund.
Schiebe dabei deinen Unterkiefer
von links nach rechts, von rechts nach links.
Deine Zunge ruht dabei auf deinem Unterkiefer.

Gehe mit deiner Zungenspitze bei geschlossenem Mund kräftig über die Außenseiten deiner Zähne rundherum in alle Winkel. Schmatze dabei nach Herzenslust.

Kaue mit deinen geschlossenen Augen.
Laß dabei einen Ton kommen, ein Ooh oder einen Summton.
Laß deine Augen geschlossen, halte den Ton.

Gehe langsam in die Richtung,
in der der Summton dir am stärksten erscheint.
Verweile, wenn der Summton ganz nahe ist.

Gehe jetzt den gleichen Weg zurück.
Setze dich hin.
Verstumme, öffne deine Augen.

Geometrie

15 Minuten
Ab 10 MitspielerInnen

Wir bilden einen Kreis.
Schließ deine Augen.
Atme durch die Nase ein,
atme durch den Mund aus.

Öffne deine Augen auf ein Zeichen (= *Händeklatschen*), nach-
dem wir eine neue Figur gebildet haben.
Schließ auf ein weiteres Zeichen deine Augen.

Wir gehen zusammen durch den Raum und bilden

... eine Acht,
... ein Dreieck,
... ein Quadrat,
... ein Rechteck,

... eine Phantasiefigur,
... einen Baum mit Ästen,
... ein Ungeheuer,
... uns etwas ein,

... einen Käfig,
... einen Verkehrsstau,
... eine Statue,
... eine Drei,

... eine Meereswelle,
... einen Kelch,
... eine Tulpenknospe,
... einen Kreis.

Flugübung

20 – 30 Minuten mit Rollentausch
Ab 6 MitspielerInnen

Wir setzen uns ohne Schuhe paarweise auf dem Boden gegenüber.

Drückt dabei Füße an Füße.
Streckt die Beine durch,
faßt euch an den Händen.
Bitte keine Verrenkungen!

Drücke so kräftig und so weit,
wie dein Partner mitmachen kann oder will.
Es gibt keine Gewinner,
keine Verlierer.

Einer von euch beiden beugt sich nach vorne,
geht in die Hocke,
der Rücken bleibt durchgestreckt.
Sein Partner hält seine Beine durchgestreckt.

Der Hockende streckt seine Arme auseinander,
versucht sich mit Flugbewegungen.
Sein Partner bleibt auf dem Boden,
stabilisiert dessen Flügel mit seinen Armen.

Mit den ausgebreiteten Armen können auch waghalsige Flugbewegungen mit extremen Kurven gemeistert werden. Stellt euch beim Fliegen aufeinander ein.

Fangt zuerst mit kleinen Flugbewegungen an,
haltet das Gleichgewicht. Und dann – Risiko!

Danach Rollenwechsel.

Marionettenspiel

30 – 45 Minuten
8 – 20 MitspielerInnen

Wir bilden Spielpaare.
Einer von euch beiden ist eine Marionette.
Der andere spielt mit der Marionette.

Die Marionette legt sich auf den Boden.

Der Marionettenspieler kann mit einem unsichtbaren Faden
jedes Körperteil der Marionette
seitwärts,
nach oben,
nach unten bewegen.

Stelle die Marionette auf die Beine.
Mache alles langsam hintereinander beim Aufrichten der einzel-
nen Körperteile wie
Hände,
Arme,
Kopf,
Oberkörper,
Füße,
Beine.

Mache erste Gehversuche.
Dabei hälst du deine Marionette an einem unsichtbaren Faden
hoch,
sonst fällt sie zusammen und das Aufrichten beginnt erneut.

Anschließend Rollenwechsel.

Spielvariation mit zwei Spielpaaren:

Zwei Marionettenspieler und zwei Marionetten spielen zusammen.

Beide Puppen legen sich auf den Boden.
Richtet zuerst die Figuren auf.

Macht erste Gehversuche.

Wenn ihr euch an die Marionetten gewöhnt habt,
geht mit ihnen gemeinsam spazieren,
ohne über die eigenen Beine zu stolpern.

Denkt euch kleine Geschichten aus,
die ihr mit den Marionetten spielen könnt.

Szenenbeispiele:

Begrüßt euch, macht euch bekannt.
Versucht, die Gunst der anderen Marionette zu erwerben.
Erzählt euch eine kleine Geschichte,
die mit Bewegungen der Marionette zu begleiten,
zu verstärken ist.

Rollenwechsel nach etwa zehn Minuten.

Ich bin ein Luftballon

40 – 60 Minuten
Ab 8 MitspielerInnen

Wir verteilen uns im Raum, so daß keiner behindert werden kann.

Atme langsam durch deine Nase ein und durch den Mund aus.
Atme in deinem Rhyhthmus ein und aus. Bleibe bei dir.

Du wirst zu einem Luftballon.
Du bist ein Luftballon.
Stelle dir einen Luftballon vor,
der mit einer kurzen Schnur am Boden gehalten wird.

Langsam strömt Gas in den Luftballon.
Du wirst mit kräftigen Stößen dicker und dicker und ganz ganz groß.
Du bist ein prall gefüllter Luftballon.

Langsam entweicht Gas aus dem Luftballon.
Du hängst schlaff auf dem Boden.
Wiederhole das Prallwerden, das Schlaffwerden mehrmals in deinem Rhyhthmus.

Probiere aus,
wie sich ein prallgefüllter Luftballon an einer kurzen Schnur bewegen kann,
wie es bei einer ganz langen Schnur ist.

Übergang zu Paarübungen:

Schneide die Schnur ab,
an der du hängst.

Du kannst also jetzt
schweben,
fliegen.
Einmal bist du prall gefüllt,
dann bist schlaff.

Mit deinem prallen Bauch stößt du weich mit anderen Luftballons zusammen.
Du wirst von einem zarten Windhauch getragen.

Jeder zweite Luftballon wird zu einem Kind.
Das Kind spielt mit dem Luftballon,
es freut sich,
es erfreut andere,
macht große Augen.

Probiert aus,
was mit einem Luftballon schön ist.

Das Kind kann ausprobieren,
wie die Luft in den Luftballon kommt,
wie die Luft aus dem Luftballon rausgeht.

Die Luft entweicht in Intervallen.
Die Luft wird mit der Luftpumpe,
mit dem Mund geblasen.

Übungszeit etwa fünf bis zehn Minuten.

Jetzt werden alle zu Luftballons.
Jeweils zwei Luftballons fassen sich an den Händen.
Schicke Luft durch die Hände zum anderen Luftballon.
Empfange Luft durch die Hände vom anderen Luftballon.

Strömt Luft in dich hinein,
wirst du ganz groß und prall.
Der andere Luftballon wird dann klein,
fällt in sich zusammen.

Jetzt geht die Luft wieder in den anderen Luftballon, füllt den schlaffen Ballon
zu einem wohlgeformten Ballon.
Alle verschmelzen jetzt zu einem riesigen Luftballon.
Nutzt den ganzen Raum.
Eine Windböe kommt auf.

Der Riesenballon kann Geräusche machen,
er kann stampfen,
er kann rumoren,
er kann rauschen,
er kann zischen.

Plötzlich kann der Ballon nicht mehr größer und praller werden
– er platzt.

Die Fetzen fliegen durch den Raum.
Die Ballonreste ziehen sich zu einem Ballonknäuel zusammen.
Das Ballonknäuel wird begleitet
von Vogelstimmen,
von sanften Geräuschen,
von einem streichenden Wind.

Der neue Ballon wird hin- und hergetrieben.
Der Wind wird stärker.
Es bilden sich orkanartige Böen.

Um sich zu retten,
bilden sich kleine Ballons
mit jeweils drei bis vier MitspielerInnen.

Der Wind läßt nach,
er wird schwächer und schwächer.

Es herrscht Windstille.

Die Luft entweicht aus den Ballons.

Die Ballons werden schlaffer
und schlaffer,
legen sich auf den Boden.

Die Luftballons schließen die Augen,
bleiben bei sich.
Die Luftballonglieder werden durchblutet,
atmen wieder.

Der Ballon spürt seinen Atmen,
die Arme,
die Beine,
den Boden.

Der Ballon spürt sein Becken,
den Oberkörper,
den Kopf.

Als neuer Mensch fängt der Ballon an,
im Liegen seine Gelenke zu bewegen.

Die vielen neuen Eindrücke machen müde.

Ruhe dich aus.
Bleibe bei dir.

Hutträger

10 – 15 Minuten
Ab 8 MitspielerInnen

Wir gehen alle durch den Raum. Einer von uns setzt sich einen Hut oder eine Mütze auf und macht Bewegungen, die alle anderen nachmachen.

Wenn der Hutträger keine Lust mehr hat, setzt er einem anderen den Hut auf, der dann andere Bewegungen macht, die alle anderen nachmachen.

Die Bewegungen und Verhaltensweisen sollen jeweils typisch für bestimmte Rollenträger sein.

Beispiele hierzu:

Ein Kleinkind im Laufstall.
Ein Polizist regelt Autoverkehr.
Ein Milchmann gießt Milch ein.
Eine Frau geht über die Straße.

Ein Tänzer übt Balett.
Ein Hund geht Gassi.
Ein Wilddieb schießt einen Rehbock.
Ein Maurer baut ein Haus.

Ein Lehrerin vor einer Schulklasse.
Eine Liebe hat den Kopf verdreht.
Luis Trenker besteigt den Himmel.
Eine Robbe vor Island.

[handschriftliche Notizen am rechten Rand:]
Patin / Pat.
Dr. 1   Dr. 2
Schw.
Pfl.
Therapeut
OA
Stationsschwester
Stat. Pflege
Einlieferung
Entlassung

Gruppenbild mit Stuhl

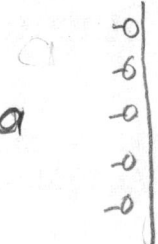

15 – 20 Minuten
Ab 10 MitspielerInnen
Benötigt wird ein stabiler Stuhl oder Sessel

In der Raummitte steht ein Stuhl. Die Sitzfläche zeigt zu den MitspielerInnen.

Fünf MitspielerInnen stellen sich mit den Rücken zur Wand möglichst weit auseinander in gleicher Höhe auf.
Untereinander besteht kein Blickkontakt.
Etwa drei bis fünf Meter vor dem mittleren Mitspieler steht der Stuhl.

Auf ein Zeichen (= *Händeklatschen*) laufen alle fünf Mitspieler-Innen gleichzeitig zum Stuhl, um sich auf ihn zu setzen.
Dabei kann es nur einem gelingen, sich auf den Stuhl zu setzen.

Alle frieren sofort im Bewegungsfluß ein,
wenn einer sich auf dem Stuhl hingesetzt hat.
Nach etwa zehn Sekunden wird das Standbild mit einem Zeichen aufgelöst.

Zurück zum Ausgangspunkt.
Das Spiel beginnt von Neuem. 10 ×

Gruppenwechsel nach zehn Durchgängen.

Statue

30 – 40 Minuten
Ab 10 MitspielerInnen

Drei oder vier MitspielerInnen stellen sich weiträumig an der Wand in gleicher Höhe auf.

Zu bestimmten Begriffen sind Statuen von den MitspielerInnen etwa fünf Meter vor ihnen auf einer vorher festgelegten Standfläche zu bauen.

Ohne Absprache stellt die Spielgruppe die Statue blitzartig zusammen.
Die Gruppe schmilzt zu einem Standbild.
Die Begriffe werden in den Raum hineingebrüllt, damit sie jeder versteht. Das ist gleichzeitig auch das Startzeichen für den Statuenbau.

Jede Gruppe macht etwa fünfzehn Durchgänge,
danach Gruppenwechsel.

Jede Gruppe kann zu den gleichen Begriffen Statuen bauen.

Hier die Begriffe – und los geht es:

Eifersucht, Übermut, Eifelturm, Kanufahrt, Baum, Fisch, Heiliger, Wut, Tolpatsch, Autounfall, Friedhof, Angelpartie, Schrebergarten, Eisenbahnfahrt, Schulklasse, Phantomjäger, Zeitungsleser, Straßenbahn, Sauna, Kirchgang, Ferien, Freibier, Ampel, Schoßhund und Wald.

Simsalabim

10 – 15 Minuten
Ab 8 MitspielerInnen

Wir laufen alle durch den Raum. Ich (= *der Spielleiter*) bin ein Zauberer. Wenn ich Simsalabim Elefantos sage, verwandelt ihr euch in Elefanten, stampft und grunzt als Elefanten, legt eure Rüssel über die Schultern der anderen Elefanten. Spiele das, was du mit den Tiernamen oder den Tieren verbindest.

Die Tiernamen haben alle südländische Endsilben. Es sind alles verzauberte Tiere. Dann sage ich nur Simsalabim und jeder friert in seiner Bewegung ein.

Eine Verzauberung wechselt mit dem Einfrieren ab.

Hier die Zauberformeln – *die Tiere ausspielen lassen* -:

Simsalabim Krokodilos.
Simsalabim Kaninchilos.
Simsalabim Löweninos.
Simsalabim Affelinos.

Simsalabim Pferdelinos.
Simsalabim Ochsolinos.
Simsalabim Rhinozerossus.
Simsalabim Fischelinos.

Simsalabim Hundos.
Simsalabim Schlangos.
Simsalabim Bäros.
Simsalabim Elefantos.

Simsalabin – und alle schlafen den tierischen Schlaf.

Ebbe und Flut

10 Minuten
Ab 8 MitspielerInnen

Wir kennen alle Ebbe und Flut. Bei Ebbe geht das Wasser ins Meer zurück, bei Flut kommt es ans Ufer. Wir gehen jetzt alle am Strand gemütlich spazieren. Und alle machen das nach, was ich mache.

Ich erzähle eine kleine Geschichte. Fällt dabei das Wort Ebbe, werfen wir uns alle auf den Boden. Fällt dabei das Wort Flut, steigen, schreien, laufen wir um unser Leben, springen auf Stühle, auf Tische oder auf andere Schultern und harren bis auf ein Zeichen (= *Händeklatschen*) dort aus.

Und das macht ihr mir nach:

Hose hochkrempeln.
Mit nassem Sand einreiben.
Jemanden Huckepack nehmen.
Schneckenhäuser sammeln.

Sandburgen bauen.
Sich einbuddeln.
Federball spielen.
Schwimmen lernen.

Schlangen bilden.
Andere einölen.
Sonnenbaden.
Flut abwarten.

Zweites Kapitel:
Bewegen und streiten

Zum Spieleinsatz

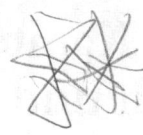

Streiten, einen Standpunkt haben und ihn beziehen, Interessen begreifen und Grenzen ernstnehmen – die eigenen und die der anderen.

Der spielerische Umgang mit Wut, Enttäuschung, Ablehnung, Freude und Aufregung ermöglicht körperlich und seelisch ein parteiliches Begreifen und Erleben.

Vor Spielen aus diesem Kapitel sollten Lockerungsübungen wie
Blitz
oder
Hutträger
eingesetzt werden.

Bei der Spielserie
Alltagsszenen
ist bei mehr als zehn MitspielerInnen die doppelte Spielzeit einzuplanen.

Wach auf!

10 – 15 Minuten
Ab 6 MitspielerInnen

Wir bilden Spielpaare.

A zerrt B in eine ihm genehme Richtung.
Wende Kraft auf.

Drücke in Schüben,
damit du deine Kraft nutzen kannst.
Es ist alles – außer Verletzungen zufügen – erlaubt!

Spielvariation:

Kitzel ihn in eine dir genehme Richtung.
Trage ihn mit verschlossenen Augen auf den Armen.
Schaukel ihn vor dir hin und her.
Schubs ihn in Intervallen.

Danach Rollentausch.

Besprechung erforderlich.

Fragen hierbei:

Hast du körperliche Kraft eingesetzt?
War die Übung für dich mit Gewalt verbunden?
Hast du dich innerlich gewehrt?
Hast du dich angegriffen gefühlt?

Laß mich vorbei!

5 Minuten
10 – 24 MitspielerInnen

Wir bilden zwei gleichgroße Gruppen. Beide Gruppe stellen sich gegenüber mit dem Rücken zur Wand.

Versuche auf ein Zeichen (= *Händeklatschen*), ganz schnell die andere Wand zu erreichen.

Die MitspielerInnen der anderen Gruppe hindern dich bei deinem Durchbrechen.

Laß mich vorbei! mehrmals wiederholen.

Zombies kommen

10 – 15 Minuten
Ab 8 MitspielerInnen

Zombies fressen einander auf. Bei uns sind Zombies auf einem kleinen Floß gelandet. Wer ist der Oberzombie?
Versuche, die anderen vom Floß zu werfen.

Es bleibt ein Zombie übrig. Das ist der Oberzombie. Reagiere schnell: Drücke, kitzel, werfe.

Spielvariantion: Das Floßverdrängen kann nur in einer bestimmten Form erfolgen.
Beispiel:
Alle anderen vom Floß tragen oder vom Floß kitzeln.

Aufzug steckt

20 – 30 Minuten bei mehreren Durchläufen
8 – 24 MitspielerInnen

Wir bilden zwei Gruppen. Eine Gruppe fährt mit dem Aufzug. Alle anderen schauen zu.

Der Aufzug soll uns in die 37. Etage bringen. Wir erreichen die 6., 7., 8., die 9. Etage. Erstes Ohrensausen. Wir erreichen die 17., 18., die 19. Etage. Keiner ist bisher ausgestiegen. Alle haben gute Laune.

Wir erreichen die 23., 24., die 25. Etage.
Die Nähe schlägt aufs Gemüt. Es juckt überall.
Wir erreichen die 28., 29., die 30. Etage.
Es wird eng, sehr eng.

Plötzlich – zwischen der 34. und 35. Etage stockt der Aufzug. Stromausfall?

Die Sprechanlage ist defekt.
Klopfen, rufen, schreien?
Außer uns ist keiner im Hochhaus.
Die Luft wird dünner und dünner.
Der Luftschacht klemmt.

Was können wir machen?
Und dann diese Stinkfüße!
Der da hinten glotzt mich so blöd an.

Wie komme ich hier raus?
Spielt die Geschichte weiter.

Danach Gruppenwechsel.

Alltagsszenen

60 – 90 Minuten
Ab 8 MitspielerInnnen

Vor Spielbeginn sind die Szenen auf Zettel zu schreiben und zu falten. Jeder zieht einen Zettel mit seiner Alltagsszene. Im Einzelfall können auch zwei Mitspieler eine Szene improvisieren.

Jeder zieht einen Zettel. Auf jedem Zettel steht ein Satz für eine Alltagsszene. Wenn dein Satz treffender zu zweit darstellbar ist, so suche dir einen Spielpartner. Stimme mit deinem Partner den Szenenverlauf in etwa ab.

Beschränke dich bei der Darstellung auf den Inhalt und die wesentlichen hierzu gehörenden Ausdrucksformen. Alle Zuschauer versuchen nachher herauszubekommen, um was es sich bei der Szene gehandelt hat.

Die Kurzszenen:

1. Szene: Ein alter Freund kommt zu Besuch, 2 Spieler.
2. Szene: Unsere Mannschaft hat gewonnen, 1 Spieler.
3. Szene: Rausschmiß ..., 2 Spieler.
4. Szene: Geld gefunden ..., 1 Spieler.
5. Szene: Nicht versetzt, 2 Spieler.

6. Szene: Besuch im Krankenhaus, 2 Spieler.
7. Szene: Verlieb' dich nur nicht in mich!, 2 Spieler.
8. Szene: Schwanger – und nun?, 1 Spieler.
9. Szene: Ich will mehr Gehalt!, 2 Spieler.
10. Szene: Ladendiebstahl, 2 Spieler.

11. Szene: Vordrängeln gilt nicht!, 2 Spieler.

12. Szene: Du tust mir weh, 2 Spieler.

✗ 13. Szene: Der Besuch geht nicht, 2 Spieler.

14. Szene: Alle Arbeit bleibt an mir hängen, 2 Spieler.

✗ 15. Szene: Ich will nicht, 2 Spieler.

16. Szene: Es ist unheimlich toll, 2 Spieler.

✗ 17. Szene: Immer diese Überstunden, 2 Spieler.

18. Szene: Wie werde ich die Schulden los?, 1 Spieler.

✗ 19. Szene: Ich bin fertig mit den Nerven!, 1 Spieler.

20. Szene: Ich schäme mich mit der Frisur, 2 Spieler.

21. Szene: Keiner mag mich, 1 Spieler.

22. Szene: Wie krieg' ich den rum?, 1 Spieler.

23. Szene: Ich traue mich nicht, 1 Spieler.

24. Szene: Wie kann ich die kennenlernen?, 1 Spieler.

25. Szene: Immer nur Gemüseauflauf!, 2 Spieler.

26. Szene: Ich möchte mich schick machen, 1 Spieler.

27. Szene: Urlaub auf einer einsamen Insel?, 2 Spieler.

28. Szene: Ich schreibe meinen Lebensroman, 1 Spieler.

29. Szene: Meine Blumen gehen ein, 1 Spieler.

30. Szene: Schon wieder Migräne, 2 Spieler.

✗ 31. Szene: Das kann doch nicht stimmen, 2 Spieler.

✗ 32. Szene: Ich kann nicht mehr, 2 Spieler.

✗ 33. Szene: Wieso immer ich?, 1 Spieler.

34. Szene: Rollschuhfahren – ich?, 2 Spieler.

35. Szene: Einmal den Königswalzer …!, 2 Spieler.

✗ 36. Szene: Wieso hast du geschwiegen?, 2 Spieler.

37. Szene: Einmal faul sein dürfen, 1 Spieler.

38. Szene: … und habe wieder den Abwasch!, 2 Spieler.

✗ 39. Szene: Meinst du wirklich?, 2 Spieler.

✗ 40. Szene: Urlaubsreif …, 2 Spieler.

Mein Klischee

30 – 45 Minuten
Ab 8 MitspielerInnen

Die Hausfrau, der Mann, der Chef, die Ausländer – laß deine eigene Schere im Kopf mit vereinfachten Rollenzuweisungen in einer kleinen Szene zu. Stelle dein Schwarzweißdenken überzeichnet dar. Festzulegen ist der Spielrahmen und die Spielzeit für jede Szene.

Der Spielrahmen:
Festlegung der zu spielenden Rollen
wer spielt was, Spielhandlung, Ort der Handlung.

Beispiel:
Der Held als Freund gegen den Gangster als Feind.
Die Geschichte als Ort der Handlung,
als Hinweis auf den Spielverlauf.

Beispiel zum Spielgeschehen:
Wilder Westen,
Kindesentführung ...

Vereinbart untereinander den Höhepunkt der Geschichte.
Die Zuschauer können sich am Spiel beteiligen, sofern sie Aktivkarten mit Klischeehandlungen ausfüllen.

Beispiele zu Klischeehandlungen:
Lege den Gangster um.
Der Gangster hat in seiner Westentasche eine 28er-Manchester.
Der Held macht nur so auf Held, in Wirklichkeit hat der faule Zähne und schielt.

Streitgespräch

15 Minuten
Ab 8 MitspielerInnen

Wir bilden zwei gleichgroße Spielgruppen mit jeweils drei bis fünf MitspielerInnen, die sich voreinander hinstellen. Jedes Streitgespräch ist auf zehn Minuten begrenzt.

Zu einem heißen Thema mit einem vernünftigen oder einem Nonsensinhalt entsteht ein Streitgespräch mit zwei Positionen, die zu vertreten sind.

Das Streitgespräch eröffnet die Gruppe A. Die Gegenrede eröffnet die Gruppe B. Das Gespräch geht hin und her zwischen beiden Gruppen.

Von der Gruppe kann erst dann wieder einer das Wort ergreifen, wenn von der Gruppe B einer gesprochen hat. Natürlich kannst du 'versehentlich' ins Wort fallen.

Keine Spielvorbereitung!
Arbeite mit Unterstellungen.
Stelle Empfindungen als Sachargument dar.
Stelle Sachargumente als Gefühlsduselei dar.
Halte Augenkontakt zu deinem Gegenüber.
Verteidige nicht, greife an!

Themenvorschläge:
Raucher ./. Nichtraucher.
Spielplatz ./. Parkplatz.

Nachbesprechung erforderlich:

Was hat dir gefallen, was hat dir mißfallen?

Raucherdemokrat

15 Minuten mit Nachbereitung
Ab 6 MitspielerInnen

Wir bilden einen Kreis, setzen uns hin. Einer von uns spielt einen Raucher. Damit es glaubhaft aussieht, kann er einen Bleistift oder einen Finger in den Mund stecken.

Die Raucherrolle ist von einem realen Nichtraucher zu spielen.

Alle anderen MitspielerInnen sind im Spiel die Nichtraucher.

Wir wollen über etwas Wichtiges diskutieren und haben mehrheitlich beschlossen, während der Diskussion nicht zu rauchen. Nur dieser eine Raucher kapiert nichts. Alle finden sein Verhalten gräßlich, fühlen sich mißachtet, unterdrückt.

Der Raucher läßt die Nichtraucherargumente an sich abprallen und hat seiner Überzeugung nach die besseren Argumente, schließlich zwingt er ihnen nicht das Rauchen auf.

Argumentiere im Schlagabtausch,
wäge nicht ab,
mache keine vorherige Eigenbewertung.

Nach fünf Minuten ist der erste Spieldurchlauf zu unterbrechen. Ein anderer übernimmt die Raucherrolle und das Spiel beginnt erneut.

Sklavenspiel

30 Minuten bei mehreren Durchläufen
Ab 8 MitspielerInnen

Wir bilden Spielpaare. A ist der Sklave, B ist der Herr. Der Herr spielt jeweils einen Satz oder eine Wortbedeutung. Der Sklave spiegelt mit seiner Darstellung hierzu den Gegensatz.

Beispiel:

Herr: Wenn du das noch einmal machst, dann haue ich dir eine runter! Gleichzeitig nimmt der Herr eine entsprechende Drohgebärde mit seiner Körperhaltung ein. Nach seinem Satz friert er in seiner Bewegung ein.

Sklave: Er reagiert als Unterlegener in der Gegensatzrolle. Er spricht, wie Sklaven so sprechen. Seine Körperhaltung spiegelt den Gegensatz zum Herrn. Nach seinem Satz und seiner Körperhaltung dazu friert er in seiner Bewegung ein.

Der Herr spricht dann seinen zweiten Satz ... usw.

Rollentausch nach mehreren Durchgängen.

Nachbesprechung erforderlich:

Konntest du leicht Herr bzw. Sklave sein?

Setze dich durch

20 – 40 Minuten mit mehreren Durchgängen
Ab 8 MitspielerInnen

Paarweise werden bestimmte Rollen eingenommen. Das, was A anordnet hat B zu machen. Nach einer Weile nimmt B seine Rolle nicht mehr an, er fällt aus der Rolle. Die Rollen vertauschen sich während des Spiels. Die Szenen sind auf zwei Minuten begrenzt.

Vater und Sohn.
Lehrerin und Schulkind.
Erzieher und Mutter.
Großbauer und Knecht.

Minister und Angestellter.
Hundezüchter und Schäferhund.
Geschäftsinhaber und Auszubildender.
Richter und Angeklagter.

Polizist und Fußgänger.
Arzt und Kranker.
General und Rekrut.
Kapitän und Paddelboottramper.
Wissenschaftler und Botenjunge.

Nachbesprechung erforderlich:

Konnten die bestimmenden,
die ausführenden Rollen gehalten werden?

Lucki und Franzi

10 – 15 Minuten
Ab 10 MitspielerInnen

Wir bilden zwei gleichgroße Gruppen mit zwei gleichgroßen Spielfeldern. Dazwischen liegt eine neutrale Zone von etwa zwei Metern.

Die erste Gruppe ist die Luckigruppe,
die zweite Gruppe ist die Franzigruppe.

Als Lucki legst du dich auf deine Luckiseite,
als Franzi legst du dich auf deine Franziseite auf den Bauch.
Zwischen euch gibt es nur die neutrale Zone.

Und nun der heitere Teil:

Sage ich Lucki, springst du auf.
Die Franzis sind sicher, wenn sie ihre eigene hintere Wand berührt haben.
Die Luckis versuchen, die Franzis vorher zu fangen.
Eine gefangene Franzi wird dann zum Lucki bei der nächsten Runde.

Sage ich Franzi, springst du auf.
Die Luckis sind sicher, wenn sie ihre eigene hintere Wand berührt haben.
Die Franzis versuchen, die Luckis vorher zu fangen.
Ein gefangener Lucki wird dann zum Franzi bei der nächsten Runde.

Sind alle zum Lucki oder alle zur Franzi geworden,
ist das Spiel vorbei.

Seebären

10 – 15 Minuten
Ab 12 MitspielerInnen

Wir sind alles Seebären und stellen uns mit gegrätschten Beinen hintereinander auf.

Greife mit deiner linken Hand durch deine gegrätschten Beine nach der rechten Hand von deinem hinteren Nachbarn.

So bilden wir zusammen eine Handgrätschkette.

Der Letzte in unserer Handgrätschkette legt sich auf den Rücken.
Ziehe dabei langsam deinen vorderen Nachbarn mit zu Boden.
Der steigt jetzt breitbeinig im Seemannsgang über dich hinweg und legt sich hinter dir auf den Rücken, ohne dabei seinen vorderen Nachbarn loszulassen.

Diese Kettenreaktion erfaßt nach und nach alle.
Alle machen im Seemannsgang ihren Abgang,
ohne die Hände loszulassen.

Liegt der letzte Seebär auf dem Boden,
steht er sofort wieder auf,
geht vorwärts.

Dabei zieht er im Seemannsgang den Nächsten auf die Beine, bis alle Seebären wieder stehen.

Drittes Kapitel:
Entdecken und spüren

Zum Spieleinsatz

Eigene Ideen aussprechen, Empfindungen ausdrücken, Gedanken sprechen hören, nicht bewerten, vorsortieren oder wegstecken.

Das fällt auf Anhieb nicht jedem leicht. Während des Übungsverlaufes sind störende Einflüsse von Außen zu vermeiden.

Und dann: Sich selbst in Bewegung entdecken beim Ausdrücken und Spüren.

Vorher sollten Bewegungsspiele wie
Raumbalance
oder
Bewegungsspiegel
eingesetzt werden.

Fiktionsspiele

20 – 30 Minuten
Ab 6 MitspielerInnen

Kannst du dich an einen bestimmten Gegenstand erinnern, mit
dem du als kleines Kind gerne gespielt hast?

War da nicht der verfranste Teddy,
der Puppenwagen von der Tante,
das erste Dreirad,
waren da nicht die Bauklötze, die immer umfielen?

Spiele mit deinem Lieblingsspielzeug.
Du kannst dich dabei auf den Bauch legen,
in die Hocke gehen.
Schließe beim Spielen deine Augen.

Etwa eine Minute verweilen.

Spielvariationen:

Stapfe mit Riesenstiefeln durch Sumpf,
das Gehen fällt schwer,
bleibe dabei mehrmals stecken.

Gehe mit nackten Füßen ins offene Meer:
Stolpere die Böschung runter,
springe über groben Kies,
jetzt der feine Sandstrand,
ab in die Wellen,
ins kalte Naß.

Laufe ins Meer hinein,
bibberkalt das Wasser.
Komme den gleichen Weg zurück bis zur Böschung.
Trage einen schweren Sack Kartoffeln in den Keller,
komme mit den leeren Säcken zurück.

Stelle dir unterschiedliche Gerüche vor:
Jasmin.
Frisches Heu.
Rosenduft.
Abgestandene Zigarettenasche.
Frische Sesambrötchen.
Schweißfüße.
Lavendelblüten.
Rosmarin.
Pferdedung.
Warmer Käseauflauf.

Du bist spärlich bekleidet.
Kämpfe dich durchs Gebüsch.
Brennesseln versperren dir den Weg.

Und da die Waldlichtung:
Vogelgezwitscher lädt zum Verweilen.
Halte inne, ruhe dich aus.

Höre das Rauschen der Linden und Buchen.
Ein warmer Sonnenstrahl küßt dich wach.

Es ist Tag, ein neuer Tag:
Guten Morgen!

Mückenleben

20 – 30 Minuten
Ab 8 MitspielerInnen

Bisher wurden die Menschen im Herbst von einer großen Mückenplage heimgesucht. Die Menschen wußten aus Erfahrung auch:
Kommen die Mücken,
kommt bald der erste Schnee.

Wir sind alle begeisterte Wintersportler.
Daher wissen wir:
Ohne Mücken kein Schnee.

Und jetzt bleiben die Mücken aus.

Wir suchen nach ihnen.
Wo sind sie geblieben?
Wir horchen,
forschen nach dem Mückensummen.

Wir tasten uns ab,
ob sich nicht doch eine Mücke bei uns versteckt hält. Wir tasten unseren Nachbarn ab,
ob nicht da eine Mücke sich verirrt hat.

Keiner findet eine Mücke.
Wir sind erbost,
wir sind traurig,
wir sind wütend.

Wo sind die Mücken?

Wir gründen ein Mückenamt und sind alle wichtige Amtspersonen.

Gewichtig gehen wir mit unserer neuen Aufgabe der Erforschung des Mückenfernbleibens nach.

Da kommt eine Amtsperson vom Mückensiedlungsamt.

Er meint:
Die Mücken streiken,
weil sie in den dunklen Häusern nicht leben wollen.
Die Häuser der Mücken sind die Seelen der Menschen.
Wenn ihr Schnee haben wollt,
so müßt ihr eure Häuser mit Licht ausstatten,
Efeu vor euren Türen pflanzen.
Dann kommen wir gerne zu euch zurück.

Und so machen wir das auch.

Wir sind das Licht,
das in die Häuser kommt.
Wir sind der Efeu,
der an uns hochwächst.
Wir sind die Häuser,
in denen wir leben.

Und plötzlich kommen die Mücken zurück,
mit ihnen der erste Schnee.

Wir sind die Schneeflocken,
bedecken und schützen die Erde.

Gemeinsam bilden wir einen großen runden Schneeball,
der mit den ersten Frühlingsstrahlen behutsam zusammenschmilzt.

Phantasiemaschine

20 Minuten
Ab 10 MitspielerInnen

Wir bauen eine Phantasiemaschine.
Dazu brauchen wir Bauelemente und Maschinenbauer.

Wir teilen uns hierzu in zwei Gruppen auf:
Eine Hälfte von uns wird zu Bauelementen,
die anderen sind die Maschinenbauer.

Die Maschinenbauer montieren die neue Maschine zusammen.
Die Bauteile können verändert und in eine sich bewegende
Maschine eingebaut werden.

Ist die Maschine fertig,
fällt sie irgendwann in sich zusammen:
Die Bauteile werden zu Maschinenbauern,
die Maschinenbauer werden zu Bauelementen.

Venusmenschen kommen

30 Minuten
Ab 8 MitspielerInnen

Wir gehen alle durch den Raum.
Gehe in deine Richtung und mit deinem Tempo.
Bleibe stehen.
Du wirst gleich eine weite Reise machen.

Atme langsam ein und aus.
Bleibe bei dir,
schließe deine Augen.

Du fliegst zu unserem Nachbarplaneten Venus.
Etwa eine Minute verweilen.
Sanft landest du auf der Venus.
Wir sind jetzt alle Vernusmännchen, Venusfrauchen.

Die denken und fühlen anders,
als Erdmännchen,
als Erdfrauchen.
Auch bewegen sie sich anders als die Erdbewohner.

Mache deine Augen auf.
Verhalte dich so,
als würdest du etwas Unbekanntes,
als würdest du Menschen sehen.

Nehme ungewohnte Gerüche in dich auf.
Nehme Kontakt auf zu dir Fremdem,
gehe langsam auf fremde Geschöpfe zu.

Vorsichtig näherst du dich einem anderen Wesen,
einem Venusmännchen,
einem Venusfrauchen.

Die Venusbewohner begrüßen sich untereinander schon etwas
seltsam:

Sie reiben ihre Pos aneinander,
drücken ihre Rücken aufeinander,
verkeilen ihre Köpfchen,
ziehen sich an den Ohrläppchen.

Dabei sehen sich die Venuswesen vorsichtig in die Augen,
schweigen sich an,
sagen sehr viel damit aus.

Sie gehen behutsam miteinander um,
achten,
mögen sich.

Venusbewohner gleiten zum Willkommen mit ihren Fingern
über andere Finger,
fühlen dann die ganze Hand.

Sie verkeilen sich ineinander,
ruhen gemeinsam aus.

Assoziationsspiel

20 – 30 Minuten
Ab 8 MitspielerInnen

Wir bilden zwei gleichgroße Spielguppen, stellen uns gegenüber auf mit dem Rücken zur Wand.

Spieler A aus der ersten Gruppe beginnt einen Satz zu sprechen und gleichzeitig auch zu spielen: *Morgens, da geht die Sonne auf* oder *Am Bettelstab geh' ich ins Grab*. Mit seinem gespielten und gesprochenen Satz geht er zur zweiten Gruppe.

Von der zweiten Gruppe geht jetzt Spieler A mit seiner Assoziation zum ersten Satz zur ersten Gruppe. Spieler B der ersten Gruppe reagiert dann auf Spieler A der zweiten Gruppe ... usw.

Spielvariation:

Es werden jetzt bestimmte Eigenschaften eingegeben, die jeweils eine Gruppe hintereinander darzustellen hat. Die SpielerInnen der anderen Gruppe sehen zu.

Beispiele:
Sauer – im Sinne von Essig -.
Bizarr.
Elastisch.
Pflatschig.
Elektrisch.

Danach werden die gleichen Begriffe noch einmal eingegeben und sind dann mit Tönen darzustellen.

Danach Gruppenwechsel.

Ich sehe

20 – 30 Minuten
Ab 10 MitspielerInnen

Wir bilden einen großen Kreis.
Setze dich in den Kreis.
Laß zu deinem Nachbarn einen kleinen Abstand.

Spreche,
brabbel leise vor dich hin,
was dich jetzt bewegt,
dir jetzt auffällt,
du jetzt siehst.

Wir sprechen alle zusammen.
Dein Nachbar kann dich nicht hören.
Spreche in der Ich-Form zu dem, was jetzt ist.
Beispiel: Ich sehe vor mir einen Kreis.

Kurz verweilen.

Gehe mit einem Spielpartner zusammmen etwa fünfzehn Minuten durch den Raum.
Erzähle ihm fünf Minuten lang,
was du jetzt siehst,
dir auffällt,
dich bewegt.

Beispiel:
Ich sehe den grünen Lichtschatten im Vorhang.
Mir fällt jetzt die Ruhe im Raum auf.

Dein Partner hört dir kommentarlos zu.

Rollenwechsel nach etwa fünf Minuten.

Zugabteil

30 – 60 Minuten für jeden Durchgang
12 – 24 MitspielerInnen

Wir fahren mit der Eisenbahn von Berlin nach Amsterdam.

Der Zug hat in mehreren Bahnhöfen einen kurzen Aufenthalt, so auch in Potsdam, Magdeburg, Braunschweig, Hannover, Bielefeld, Essen, Kleve und Venlo.

Mehrere Spieler setzen sich in einen Abteilwagen der Bundesbahn (= *mehrere Stühle vorher hinstellen*) und erleben eine nicht alltäglich Reise.

Der Zug fährt ab. Die Zuschauer können während der Fahrt und bei den Aufenthalten in verschiedene Rollen schlüpfen:
Blumen oder Dosenbier verkaufen,
ranzige Frikadellen versteigern,
Fahrausweise kontrollieren …

Es bleibt den Reisenden überlassen,
ob sie im Schlafwagenabteil sind,
den falschen Zug bestiegen haben,
Knoblauch mögen,
keine Platzreservierung haben,
einen alten Freund wiedersehen.

Spielt auch verrückte Ideen aus.

Die Spielzeit ist vorher zu begrenzen.

Danach Gruppenwechsel.

Hast du gehört?

10 – 15 Minuten
8 – 20 MitspielerInnen

Wir bilden einen Kreis, setzen uns. Einer von uns setzt streng vertraulich ein Gerücht in die Welt:

»Hast du gehört? Anna-Jorinde hat einen neuen Freund und gute Laune. Jeder ist erleichtert und Anna-Jorinde wieder ansprechbar. Der Letzte taugte nichts – immer diese Ausreden mit den Überstunden ...!«

Die Geschichte erzählt der linke Nachbar weiter. Natürlich ist auch er um die Wahrheit bemüht.

Er erzählt die gleiche Geschichte,
wobei er etwas vergißt,
wobei er etwas hinzufügt.

Erzähle die Geschichte
mit vorgehaltener Hand,
mit einem gewichtigen Körperausdruck.

So zieht die Geschichte dreimal im Kreis im wahrsten Sinne des Wortes ihre Kreise.

Ob zum Schluß der erste Anfang der Geschichte noch erkennbar ist?

Phantasiesprache

20 Minuten
8 – 20 MitspielerInnnen

Wir setzen uns alle in einem engen Kreis. Wir sprechen jetzt mit einer internationalen Phantasiesprache mit wilder Gestik.

A beginnt: Holugaba mikro malo. Kuku miko palla el paso. Ello mollo multi mikro ... usw.

B setzt mit der Gestik seines Vorredners die Geschichte fort.

Wir ZuschauerInnen unterstützen und begleiten die Geschichte, wir staunen, runzeln die Stirne, hören andächtig zu.

Erste Variation:
Singe als OpersängerIn die Geschichte in einer Phantasiearie.

Zweite Variation:
Schreie die Geschichte heraus, brülle anklagend, damit jeder hört, was für ein Unrecht geschehen ist.

Dritte Variation:
Flüstere geheimnisvoll, bibbere aufgeregt die abenteuerliche Geschichte.

Vierte Variation:
Wähle deine eigene Vortragsweise zur Phantasiesprache.

Franzosen überall

15 – 20 Minuten
6 – 24 MitspielerInnen

Wir bilden einen Kreis, so daß jeder von jedem gesehen werden kann.

Franzosen wird nachgesagt, daß sie kein *h* aussprechen können. Versuchen wir doch zusammen, als Franzose aufzutreten, der Deutsch spricht. Dabei nutzen wir eine erfundene Geschichte.

Beispiel:
A: Gestern ast du wieder gesagt, daß ich eute erkommen soll ...
Nach mehreren Sätzen setzt B die Geschichte mit seinem Beitrag fort: Ja, nun bin ich ier. Ja, ier sitze ich.

Nach mehreren Durchgängen verändern wir die Betonung der Wörter.
Einzelne Wörter sprechen wir sehr langsam,
anderer Wörter sprechen wir blitzschnell,
die Wortendungen sprechen wir hart aus.

Spielvariation:

Die Begriffe »(h)eiß« und »kalt« werden häufig in die Geschichte eingebaut.

Bei »(h)eiß« stellen wir uns auf den Stuhl,
bei »kalt« kauern wir uns vor dem Stuhl zusammen.

Phantasiereise

60 – 90 Minuten – erzählen und darstellen -
8 – 20 MitspielerInnen

Die Phantasiereise ist vom Spielleiter in Stichworten mitzu-
schreiben oder mit einem Kassettenrecorder aufzuzeichnen. Das
Material wird für die szenische Umsetzung der erzählten Geschichte benötigt.

Wir machen gleich zusammen eine Reise der Phantasie. Den
Verlauf der Reise bestimmen wir.

Hierzu erzählen wir uns eine erfundene Geschichte,
die wir anschließend szenisch umsetzen.

Kommt in der Geschichte beispielsweise ein Flugzeug vor,
so stellen einzelne ein Flugzeug,
andere die Wolken dar.

Die Gegenstände,
die Tätigkeiten,
die Eigenschaften
beziehen sich bei der szenischen Umsetzung aufeinander.

Die Geschichte wird in Stichworten mitgeschrieben oder mit
einem Kassettenrecorder aufgezeichnet.

Nachfolgend ein Beispiel einer Phantasiereise zum Nachspielen.

Die Geschichte beginnt damit,
daß einer ein oder zwei Sätze sagt.
Der Nächste knüpft hieran an,
erzählt die Geschichte weiter.

Hier die Geschichte:

Als ich vorhin kam, sah ich einen großen Sandhaufen. Ich frage mich, wie kommt der Saharasandhaufen hier in die große Stadt.

Tja – was war da unter dem Riesensandhaufen?

Ich buddelte. Oh! Ein alter Omnibus kam zum Vorschein. Ich stieg ein. Das Zündschloß klemmte.
Doch plötzlich flog der alte Omnibus fort,
landete in der Wüste.

Die Tür ging auf, Kamele stiegen ein.
Die Berge kamen auf mich zu und der Prinz mit dem fliegenden Teppich kreuzte meine Flugbahn.
Der Prinz wollte mit über die Riesenberge fliegen.

Und da sah ich Luis Trenker über den Wolken. Ich war erschrocken und flog sofort zum nächsten Bosch-Dienst. Jedoch landete ich in Persien in einem Haarem, wo ich freundlich empfangen wurde.

Nur für mich machten die Damen einen tollen Bauchtanz.
Der alte Schah sah mich, stürtzte mich in den Kerker.
Oh bibber, oh bibber!

Wie komme ich jetzt zum Bosch-Dienst?

Ich flötete wie Aladin mit der Wunderlampe.
Da befreite mich der Geist.
Ich lief zum Teppich, es war kurz vor Ladenschluß.

Mit dem Teppich und mir oben drauf flog ich derart schnell zurück nach Deutschland. Und eine halbe Minute vor Ladenschluß landete ich beim Bosch-Dienst.

Aber verdammt – wo ist der Sandhaufen geblieben?

Symbolszenen

30 – 40 Minuten
Ab 8 MitspielerInnen

Wir bilden Spielpaare. Die nachfolgenden Symbolszenen sind jeweils gemeinsam bis zu zwanzig Sekunden in Szene zu setzen.

Einigt euch, ob die Szenen symbolisch oder im wahrsten Sinne des Wortes darzustellen sind.

Die Symbolszenen:

Jemandem die Augen verschließen.
Jemandem den Rücken zuwenden.
Jemandem Läuse in den Pelz setzen.
Jemanden aus den Augen verlieren.

Jemanden sitzenlassen.
Jemandem einen Spiegel vorhalten.
Jemanden auf Händen tragen.
Jemandem einen Maulkorb umbinden.

Jemanden festnageln.
Jemandem einen Korb geben.
Jemandem den Buckel runterrutschen.
Jemandem Honig ums Maul schmieren.

Jemandem das Licht ausblasen.
Jemandem etwas vorwerfen.
Jemanden in die Pfanne hauen.
Jemandem in die Suppe spucken.

Jemandem das Wasser abgraben.
Jemandem die kalte Schulter zeigen.

Jemanden ins Bockshorn jagen.
Jemandem den Marsch blasen.

Jemanden an die Kette legen.
Jemandem die Augen verdrehen.
Jemanden einseifen.
Jemandem den Rest geben.

Jemanden an der kurzen Leine führen.
Jemanden um den Hals fallen.
Jemandem einen Bären aufbinden.
Jemanden laufen lassen.

Jemanden in die Ecke stellen.
Jemandem das Maul stopfen.
Jemandem übers Maul fahren.
Jemanden auf den Arm nehmen.

Jemanden umgarnen.
Jemanden in Schwung bringen.
Jemandem das Wasser reichen.
Jemanden in die Enge treiben.

Jemandem den Kopf verdrehen.
Jemandem den Kopf waschen.
Jemanden aufs Kreuz legen.
Jemandem die Leviten lesen.

Jemandem die Scheuklappen abnehmen.
Jemanden unter die Haube bringen.
Jemanden anfeuern.
Jemanden anstacheln.

Jemanden loslassen.
Jemanden halten.
Jemanden zur Rede stellen.
Jemanden stehenlassen.
Jemandem auf die Schultern klopfen.

Jemandem kleine Brötchen backen.
Jemandem etwas vormachen.
Jemanden um die Ecke bringen.

Jemandem einen Strick drehen.
Jemanden vor die Entscheidung stellen.
Jemandem den Bart stutzen.
Jemandem um den Bart fahren.

Jemandem die Augen öffnen.
Jemandem reinen Wein einschenken.
Jemandem das Herz brechen.
Jemandem den Laufpaß geben.

Jemandem die Augen verdrehen.
Jemanden auf den Weg bringen.
Jemanden an den Haaren herbeiziehen,
Jemanden etwas nachsagen.

Jemandem die Scheuklappen abziehen.
Jemanden hinter's Licht führen.
Jemanden hinterm Ofen vorholen.
Jemanden aus dem Hut zaubern.

Jemandem die Luft auspusten.
Jemandem an die Gurgel springen.
Jemandem das Wort abschneiden.
Jemandem auf die Sprünge helfen.

Jemanden verrückt machen.
Jemanden in die Pflicht nehmen.
Jemandem den Mund verbieten.
Jemanden zum Teufel wünschen.

Jemandem auf die Finger sehen.
Jemandem im Wege stehen.
Jemandem übern Berg helfen.
Jemandem auf der Lauer sein.

Tonassoziation

10 – 15 Minuten
Ab 6 MitspielerInnen

Wir legen uns mit dem Rücken im Kreis auf den Boden, schlie-
ßen unsere Augen. Atme durch die Nase ein und durch den
Mund aus. Spanne beim Einatmen die Hände an, laß sie beim
Ausatmen los.

Laß jetzt einen Ton kommen, den du halten kannst. Verändere
den Ton:
Summe,
schmatze.

Assoziiere den Ton zu folgenden Begriffen:
Wärme,
Kälte,
Hunger,
Hitze,
Wald,
Sonne,
Trauer,
Steppe,
Wut,
Meer,
Zoo,
Windmühle,
Kaffeeduft,
Dschungel,
Autoverkehr und
Frühlingsduft.

Verstumme,
verweile bei dir.

Ich bin eine Parkbank

20 – 30 Minuten
Ab 8 MitspielerInnen

Wir bilden einen großen Halbkreis. Einer von uns stellt oder setzt sich vor uns hin und beginnt mit »Ich bin eine Parkbank«.

Wem hierzu eine passende Rolle einfällt,
nimmt sie ein.

Beispiele hierzu:

Ein Verliebter, ein Strauch, ein Baum, ein Ganove.
Fällt einem eine weitere Rolle hierzu beim Spielgeschehen ein, geht er mit seiner Rolle in die Szene hinein, wobei dann die Parkbankrolle aus der Szene rausgeht. Es spielen somit immer nur zwei Personen mit- oder zueinander.

Jeder nimmt zu seiner Rolle auch die dazugehörige Körperhaltung ein.

Weitere Spielszenen:

Ich bin ein Wirt.
Ich bin ein Eisenbahnzug.

Spielvariation:

Die Einstiegsrolle wird verändert.
Beispielsweise kann
die Parkbank mit Schnee bedeckt,
der Wirt besoffen,
der Eisenbahnzug entgleist sein.

Partnerassoziation

20 Minuten bei mehreren Durchgängen
Ab 8 MitspielerInnen

Es spielen Spielpaare. Alle anderen schauen zu. Jeder Spieler wählt für sich vorher ein Eigenschaftswort. Beide führen einen Dialog miteinander.

Beispiel:
A hat das Eigenschaftswort düster,
B das Eigenschaftswort aufgeregt.

Beide unterhalten sich über die Qualen des Berufslebens.

Dabei drücken
die Gestik,
die Mimik,
die Körperhaltung,
der Bewegungsablauf,
die Stimme
das gewählte Eigenschaftswort aus.

Eine überzeichnete szenische Darstellung mit Stimme und Körperhaltung unterstreicht den Spielablauf.

Die Spielzeit ist vorher für jeden Durchlauf zu begrenzen.

Danach Spielpaarwechsel zu anderen Eigenschaftswörtern, anderen Themen.

Gebärden spiegeln

20 – 30 Minuten
Ab 10 MitspielerInnen

Wir bilden einen großen Kreis. Einer stellt sich in die Kreismitte, macht Gebärden. Alle anderen machen dazu passende Töne, Laute, Geräusche – zuerst langsam.

Erste Variation:

Der im Kreis Stehende macht Geräusche. Alle anderen übernehmen die Geräusche und machen dazu passende Gebärden.

Zweite Variation:

Zwei MitspielerInnen gehen in den Kreis. Zwei aus dem Kreis machen im Rhythmus Töne und Klänge. Die MitspielerInnen im Kreis bewegen sich passend dazu.

Die Geräusche- und Tonmacher erweitern sich auf drei, auf vier und nacheinander auf alle anderen Mitspieler. Werden aus dem Kreis Geräuschmacher angetanzt, so sind die Rollen zu tauschen.

Dritte Variation:

Den MitspielerInnen im Kreis werden die Augen verbunden. Der Kreis vergrößert sich. Die Geräusche, die Töne werden von zwei bis vier MitspielerInnen im Wechsel gemacht.

So kommt es zu einem Bewegungs- und Tondialog. Die verschiedenen Rollen sind im passenden Moment auszutauschen.

Viertes Kapitel:
Erzählen und spielen

Zum Spieleinsatz

Eigene Märchen erzählen und spielen, erfordert die Bereitschaft zum Träumen und Hören. Bei den *es-war-einmal-Geschichten* sollten sich die MitspielerInnen untereinander kennen.

Werden eigene Märchen erfunden, sollten die wesentlichen Merkmale der ausgedachten Geschichte vom Spielleiter in Stichworten aufgeschrieben oder mit einem Kassettenrecorder mitgeschnitten werden, um sie bei einer anschließenden szenischen Umsetzung als roten Faden in die Handlung einbauen zu können.

Spielt beispielsweise in der Geschichte ein Wald eine Rolle, so bewegen sich die DarstellerInnen in der Improvisation als Bäume, die vom Wind bewegt werden. Kommt ein Haus in der Geschichte vor, sind MitspielerInnen die Wände, die Tür des Hauses.

Nicht alle stellen gleichzeitig hierbei Bäume und das Haus dar, sondern die szenischen Bilder sind mit einer Handlung untereinander in Bezug zu setzen.

Die erforderliche Spielzeit läßt sich vorher festlegen und ist daher großzügig zu bemessen. Vorher sollten Bewegungsübungen wie
Lockerungsübung
oder
Ich bin ein Luftballon
in die märchenhaften Geschichten einstimmen.

Es war einmal

45 – 60 Minuten
8 – 24 MitspielerInnen

Wir setzen uns im Kreis, erzählen uns eine märchenhafte Geschichte. Wie alle schönen Märchen fängt auch unsere Geschichte mit einem »Es war einmal« an.

Reihum geht die Geschichte.
Jeder erzählt die Geschichte mit ein, zwei Sätzen weiter.

Danach spielen wir unsere Geschichte in der gleichen Abfolge, wie wir sie uns erzählen. Stichworte der Geschichte sind beim Erzählen aufzuschreiben.

Beispielhafte erste Sätze:

Es war einmal ein verlorener Krückstock.
Es war einmal ein verborgener Goldschatz.
Es war einmal ein langer Winter.
Es war einmal eine weise Vorhersage.

Es war einmal ein starker Elefant.
Es war einmal eine lange Nacht.
Es war einmal ein Boot in Panama.
Es war einmal ein kleines Heinzelmännchen.

Es war einmal eine frische Bergquelle.
Es war einmal ein altes Dreirad.
Es war einmal eine schöne Frau.
Es war einmal eine verstaubte Laterne.

Geheimnis des Silberpapiers

30 – 45 Minuten
Ab 8 MitspielerInnen

Wir setzen uns im Kreis. Ich erzähle euch eine Geschichte. Es ist das Geheimnis des Silberpapiers und spielt in der heutigen Zeit.

Die Begriffe und Handlungen können wir nachher mit unserem Körper, mit Geräuschen und Gebärden spielen.

Es war einmal eine Baugrube, die war sehr sehr groß. Sie war 8.000 Meter breit und fünf Fuß tief. Mitten aus der Grube glitzerte lange etwas Unscheinbares.

Es war ein Stück Silberpapier.

Eines Tages kam eine Elster und nahm das Silberpapier mit. Ich lief hinterher, wollte es haben. Es half nicht.

Die Elster war schneller. Ich beschmiß die Elster mit Steinen. Auch das half nicht.

Die Elster flog unbehelligt davon und stellte sich an die Haltestelle der S-Bahn. Es kam auch sofort eine Bahn.

Die Elster stieg ein, löste einen Fahrschein. Ich fuhr mit einem Bus hinterher. An der Endhaltestelle der S-Bahn stieg die Elster aus, verlor dabei das Silberpapier.

Ich war heilfroh, was ihr euch natürlich denken könnt. Jetzt hatte ich eine Möglichkeit, hinter das Geheimnis vom Silberpapier zu kommen. Ich wickelte das Papier aus. Meine Neugier war nicht mehr zu bremsen.

Es kam ein leuchtender Ring zum Vorschein. Von wem ist dieser Ring? Eine Taube meinte: Ich schenke dir den Ring, er soll dich schützen.

Die Taube nahm den Ring, flog damit über hohe Berge und durch tiefe Meere, bis sie in eine riesige Berghöhle kam.

In der Höhle lebte der Zauberer Malefix. Er nannte kostbare Schätze sein eigen. Über die Taube beschenkte Malefix die Menschen, denen er gut war.

Die Taube wollte aus der Berghöhle wieder rausgehen. Doch ein Monster versperrte der Taube den Weg. Das Monster spuckte Feuer.

Dabei verlor die Taube viele Federn. Vor lauter Schreck flog die Taube über den Atlantik nach Mexiko. Da traf sie eine Schlange, die ein Geheimnis von ihr wissen wollte.

Gemeinsam gingen sie durch den Wüstensand, hatten Durst und waren müde. Da verriet die Taube der Schlange ein Geheimnis.

Das Geheimnis war eine Wasserquelle mitten in der Wüste. Beide tranken sie aus der frischen Quelle, fühlten sich wie Könige.

Nach dem Durstlöschen verabschiedeten sie sich wie zwei alte Freunde.

Erlebnisse eines Elefanten

30 – 40 Minuten
Ab 8 MitspielerInnen

Die Erlebnisse eines Elefanten können wir sofort spielen. Hier die Geschichte, ein Märchen aus unseren Tagen.

Eine Hummel ging durch den Wald auf der Suche nach Honig. Es war eine alte Hummel, die den Weg gut kannte. Doch diesmal kam sie vom richtigen Weg ab, verirrte sich.

Die Hummel flog daraufhin wild durch den Wald, bis sie ein Anruf aus Bonn erreichte.

Es wurden Eichhörnchen gesucht. Prompt wurde aus der Hummel ein Eichhörnchen. Es nieselte plötzlich im Wald.

Da spannte das Eichhörnchen seinen Schirm auf, ging spazieren und fror bitterlich. Das Eichhörnchen hatte ganz viel Sehnsucht nach einer Wildkatze.

Statt dessen kam ein Elefant. Und auch die Müllabfuhr ließ nicht lange auf sich warten. Das Eichhörnchen ließ sich in seiner Sehnsucht nach Abwechslung mitnehmen.

Der Elefant bestellte ein Taxi, fuhr damit zum Flughafen. Dort buchte der Elefant den nächsten Flug nach Indien.

Dort angekommen, fand der Elefant viele andere Elefanten. Als die Elefantenfamilie vollzählig war, erzählte er aus dem fernen Europa, von den seltsamen Gewohnheiten der Ferne.

In dem fremden Land soll es Elefanten geben, die auf zwei Beinen gehen, zwei Rüssel haben, die sie Arme nennen. Bald kam der Elefant wieder nach Europa.

Dort traf er den Roncalli-Chef auf der Domplatte. Da machten sie einen neuen Circus auf.

Als sie genug Geld zusammen hatten, gingen sie zusammen ins Domhotel speisen.

Danach schwammen sie auf einer Walnußschale durch den Rhein nach Mainz. Kopfüber vor Glück sprangen sie zwischendurch ins Wasser, ließen sich gegen die Fluten treiben.

Unterdessen überlegte der Astronaut, wie er die Putzfrau aus der Raumkapsel herausbekommt.

Gleichzeitig ging der Staubsauger kaputt, wodurch alle Instrumente der Raumkapsel verstellt wurden.

Die Raumkapsel konnte in Mainz nicht richtig starten und landete versehentlich in China.

Sie kamen jedoch nicht über die chinesische Mauer. Die Putzfrau wurde ausgeschimpft. Es kehrte Ruhe ein, in der Waschmaschine lief gerade der Hauptwaschgang.

Da legten sie sich erst einmal schlafen, denn soviel Verrücktes auf einmal ermüdete alle.

Haus der Tiere

30 – 40 Minuten
Ab 8 MitspielerInnen

In der Geschichte *Haus der Tiere* wird miteinander viel gemacht. Wir können die Geschichte nachher zusammen spielen. Hier zuerst die Geschichte:

Es war einmal ein leerstehendes Haus. Darin hatten es sich viele Tiere gemütlich gemacht. Nachts nagte ein Siebenschläfer, Eichhörnchen klatschten Beifall. Der Siebenschläfer hatte Hunger, wollte sich zur Küche durchnagen. Die Eichhörnchen klatschten wieder. Der Siebenschläfer hatte es geschafft, in die Küche zu kommen. Jedoch – der Kühlschrank war zu.

Nachmittags kam ein Mädchen, das im Haus rumstöberte und keine Schulaufgaben machte. Die Eichhörnchen verstanden das Mädchen gut, denn im Haus gab es viel zu entdecken. War das Mädchen im Haus, verhielten sich die Eichhörnchen still und neugierig.

Eines Tages brachte das Mädchen ganz viele andere Kinder mit. Das Mädchen wollte feiern. Es wurde gelacht, getanzt, erzählt, Kakao getrunken und zusammen bis zum Einbruch der Dunkelheit gespielt und Quatsch gemacht.

Die Kinder waren so im Spiel versunken, daß sie die Dunkelheit nicht bemerkt hatten. So kamen nach und nach die Tiere aus ihren Verstecken, spielten mit. Gemeinsam freuten sie sich aufeinander. Zusammen war der Hunger sehr groß.

Da machten sie ein nahrhaftes Freudenessen. Sie aßen, tranken und schliefen friedlich zusammen ein.

Aus meiner Kindheit

15 – 20 Minuten
Ab 6 MitspielerInnen

Wir kennen alle den Satz »Es war einmal«. Zum Schluß kommt dann immer der Satz »... und wenn sie nicht gestorben sind, dann leben sie noch heute«.

Als Kinder haben wir alle Märchenerzählungen zugehört. Wir erfinden jetzt ein eigenes Märchen mit einem »Es war einmal«. Nachher spielen wir zusammen das ausgedachte Märchen.

Versuche, das Kind in dir zu fühlen, dich an dein eigenes Kindsein zu erinnern und Geschichten deiner Kindheit in das Märchen hineinzulegen. Dabei kannst du auch Geschichten erfinden, ausmalen.

Versuchen wir es zusammen mit der Geschichte:

Es war einmal ein böser Mann. Er bewohnte ein großes Haus. Das Haus lag in einer Waldlichtung. An einem ganz normalen Abend, als der Mann es sich zum Abendessen herrichten wollte, kam eine ...

Wem jetzt hierzu eine Fortsetzung einfällt,
der kann die Geschichte weitererzählen.

Märchenraten

15 – 20 Minuten
Ab 8 MitspielerInnen

Einer von uns soll ein Märchen erraten. Dafür verläßt er kurz den Raum. Was er nicht wissen kann: Das zu erratene Märchen ist nicht Rotkäppchen oder Hänsel und Gretel.

Er stellt nachher Fragen, die nach einer bestimmten Regel mit *ja* oder mit *nein* ehrlich zu beantworten sind.

Endet beispielsweise die letzte Silbe seiner Frage mit einem 'n', so kommt das Gefragte in dem Märchen vor.

Beispiel: Gibt es in dem Märchen eine Hexe? Die Antwort: Nein!
Gibt es in dem Märchen einen bösen Mann?
Die Antwort: Ja!

Bei weiteren Durchgängen ist die Regel zu verändern. Beispielsweise kann ein bestimmtes Märchen zu erraten sein, was nicht ganz einfach ist.

Der Rater kann mit deutlichen Antworten auf die Regel gestoßen werden, indem mit der Antwort seine Frage wiederholt und dabei die Endsilbe betont oder langgezogen wird.

Fünftes Kapitel: Sehen und lachen

Zum Spieleinsatz

Sehen und lachen als Gefühlsausdruck, auch beim Festhalten wollen. Je nach der persönlichen Lebensgestaltung, den gemachten Erfahrungen nimmt jeder Mensch Gefühle, die persönlichen Signale eines Menschen, anders auf.

Gefühle spielen auch in der Spielsituation beim Sehen, Greifen, Lachen, Freuen die entscheidende Rolle, wobei jeder mit seinem Erfahrungshintergrund zu achten hat.

Um einen befriedigenden Umgang mit den unterschiedlichen Wahrnehmungs- und Ausdrucksarten zu ermöglichen, erfordern die Bewegungsspiele
Gefühlsreise,
Gefühle ausdrücken,
Gefühle spiegeln
und
Meine innere Stimme
eine Nachbesprechung.

Zuvor sollten Ausdrucksübungen wie
Marionettenspiel
oder
Bewegungsspiegel
eingesetzt werden.

Raumbalance

10 – 15 Minuten
Ab 6 MitspielerInnen

Wir verteilen uns gleichmäßig im Raum.
Stelle dir gedanklich einen Teller vor, der mit einem Stab unter
der Tellermitte die Balance hält.
Der Raum ist dabei der Teller.

Bewege dich so im Raum,
daß die Raumbalance bleibt,
der Teller nicht umzukippen beginnt.

Verändere deinen Platz im Raum,
bewege dich zu einem anderen Platz.
Bewege dich im Zeitlupentempo,
bewege dich in Windeseile.

Reagiere auf die Bewegungen anderer.

Bleibe im Kontakt zu den anderen,
zwinge sie,
ihren Standort langsam zu ändern,
ihren Standort blitzschnell zu ändern.

Halte die Raumbalance,
springe zu anderen,
laufe zu anderen,
auch in Raumecken,
auch in die Raummitte.

Gefühlsreise

15 – 20 Minuten
Ab 8 MitspielerInnen

Wir bilden zwei gleichgroße Gruppen.

Beide Gruppen stellen sich möglichst weit auseinander gegenüber.

Mitspieler A der ersten Gruppe stellt einen bestimmten Gefühlsausdruck
mit dem Körper,
mit der Gangart,
mit der Gestik,
mit Geräuschen dar.

Mit diesem Körperausdruck geht er auf Spieler A der zweiten Gruppe zu.
Spieler A der zweiten Gruppe geht mit dem gleichen Gefühl bis zur Raummitte,
friert kurz in seinem Bewegungsfluß ein
und geht mit einem anderen Körperausdruck zur ersten Gruppe.

Die Mitspieler der ersten Gruppe gehen beim ersten Durchgang zur zweiten Gruppe,
die Mitspieler der zweiten Gruppe gehen zur ersten Gruppe.

Jedem Mitspieler sind mindestens vier Durchgänge zu ermöglichen.

Begriffsabfolge:

Traurig, aufgeregt, mutig, verträumt, aufgebracht,

überheblich, angeheitert, aufsässig, anmaßend, verschlossen, entgeistert, aufgebracht, entschlossen, wütend, mürrisch, unbeholfen, verwegen, freundlich, vergeßlich und zackig.

Pflaumenkuchen eß' ich nicht!

5 – 10 Minuten
Ab 8 MitspielerInnen

Einer geht in die Raummitte und brüllt den Satz:
Pflaumenkuchen eß ich nicht!

Er bewegt sich dabei wütend,
stampft auf den Boden,
ballt seine Fäuste mit dem Trotz eines Kleinkindes, schnaubt,
gestikuliert wild.

Nach und nach stimmen auch die anderen in das Pflaumenkuchengebrüll ein.
Der Rhythmus wird gesteigert,
wird schneller,
hektisch,
verlangsamt sich,
wird harmonisch,
kantig – bis einer Pflaumenkuchen mag.

Es kommt zu Spannungen,
Aggressionen,
Anfeindungen.
Jeder entscheidet sich, ob er Pflaumenkuchen mag oder ablehnt.
Die weitere Pflaumenkuchendynamik bleibt offen.

Tollpatschiger Kater

10 – 15 Minuten
Ab 8 MitspielerInnen

Ein tollpatschiger Kater kriecht auf allen Vieren von einem zum
anderen.
Er versucht auf seine Art,
jeden zum Lachen zu bringen.

Er zieht Grimassen,
schnurrt herzergreifend,
reibt Menschenrücken,
schaut in die Augen.

Er kuschelt sich an,
streichelt zärtlich Backen,
setzt sich auf den Schoß,
hört zu.

Er ist freundlich,
erzählt einen Witz,
ist umbequem,
stellt ungewöhnliche Fragen.

Lacht einer,
so wird der Lacher zum Kater:
Ein neuer tollpatschiger Kater kriecht auf allen Vieren.

Gefühle ausdrücken

15 – 20 Minuten
8 – 24 MitspielerInnen

Wir bilden zwei gleichgroße Gruppen.
Beide Gruppen stellen sich gegenüber.

Mit dem Körper sind Eigenschaften auszudrücken:
Zuerst nimmt das Gesicht,
dann der Oberkörper,
dann der ganze Körper den Begriff an.

Die Begriffe werden zunächst von einer Gruppe improvisiert.

Danach Rollenwechsel.

Begriffsabfolge:

Ärgerlich, übernächtigt, verliebt, furchterregend, gelangweilt, ritterlich, mutig, schüchtern, männlich, kindisch, verwegen, kindlich, anmaßend, erschrocken, anhimmelnd, trotzig, einladend, warm, kalt, heiß, aufgeregt, erschöpft, kränklich, winterlich, abenteuerlich, gebildet, abwartend, auffordernd, suchend und erlöst.

Kam es zu Überschneidungen bei der Improvisation von beispielsweise
verliebt / aufgeregt
oder
männlich / anmaßend?

Gefühle spiegeln

20 – 30 Minuten
6 – 20 MitspielerInnen

Wir bilden Spielpaare.

Seht euch an.
A spiegelt die wahrnehmbaren Ausdrücke von B. Nach etwa zehn Minuten spiegelt B den Gefühlsausdruck von A.

Laß dir Zeit, einen Gefühlsausdruck entstehen zu lassen, der dir jetzt entspricht.
Laß dir Zeit, um einen Gefühlsausdruck deines Partners aufnehmen und ihn angemessen spiegeln zu können.
Haltet Blickkontakt.

Meine innere Stimme

60 – 90 Minuten bei mehreren Durchgängen
8 – 20 MitspielerInnen

Vier von uns führen ein Gespräch. Dabei haben zwei Mitspieler bestimmte Basisrollen und verständigen sich in ihrer normalen Gesprächsrolle.

Die beiden anderen Mitspieler legen ihre Hände auf die Schultern der Basisrollen und spiegeln deren innere Stimmen. Sie drücken aus, was den Basisspielern ihrer Meinung nach auf der Seele brennt, sie jedoch nicht aussprechen.

Die inneren Stimmen können das Gespräch eröffnen, sie versprachlichen Gedanken, mögliche Träume, Ängste und Phantasien.
Die Spieler der Basisrollen hören ihre inneren Stimmen sprechen, übergehen die Aussagen beim Spielverlauf.

Spielszenen sind inhaltlich einzugrenzen, um spielbar zu sein. Zur Verdeutlichung des Spielverfahrens sind zuerst mehrere Durchläufe ohne Spielbesprechung von höchstens fünf Minuten zu spielen.

Themenvorschläge:

Ich traue mich nicht.
Ich will nicht mehr.
Er will nicht gehen.
Eigentlich ist er ja nett.

Besteht eine Spielsicherheit, sind konkrete Themen einer Spielzeitbegrenzung von zehn Minuten zu nutzen.

Themenvorschläge:

Ich kann die Miete nicht bezahlen.
Du magst mich nicht!
Ich kündige dir den Job.
Nimmst du mich ernst?

Spielbesprechung erforderlich:

Haben die *inneren Stimmen* gestört, haben sie den Spielfluß belebt?
Gab es eine Stimmigkeit zwischen den Basisrollen und den *inneren Stimmen*?

Am Zoll

20 – 30 Minuten
8 – 16 MitspielerInnen

Einer von uns ist der Zöllner. Er entscheidet, wer über die Grenze darf. Dabei arbeitet der Zöllner nach einem bestimmten System.

Wer das System erkannt hat – das ist auch zufällig möglich -, darf über die Grenze.
Wenn du das System sehr schnell herausbekommen hast,
so spiele noch eine Weile mit, damit auch andere das System erkennen.

Mit über die Grenze darf,
wer ein Kleidungsstück seines Spielnachbarn nennt.

Beispiel:
»Ich nehme meine grünen Socken mit«,
wenn der Nachbar grüne Socken trägt.

Spielvariation:

Mit über die Grenze darf, wer einen Gegenstand nennt, dessen erster Buchstabe mit dem Namen des Spielnachbarn beginnt.

Beispiel:

»Ich nehme Pantoffeln mit über die Grenze«,
wenn Peter oder Petronella der Nachbar ist.

Sollte das Spiel langatmig wirken, so ist mit der Art der Beantwortung die Lösung fast schon mit der Antwort mitzugeben.

Sechstes Kapitel:
Mitmachen und ausdrücken

Zum Spieleinsatz

Der Eindruck von einem Menschen ist sein Ausdruck. Die Gestik wirkt bei der Kontaktaufnahme beim Empfänger nachhaltiger als das gesprochene Wort.

Gleichzeitig entscheidet die Verhaltenslyrik über wertende Eindrücke der Glaubwürdigkeit, der Öffnung oder dem Verschließen zu einem Menschen.

Der Eindruck sagt unausgesprochen, ob ein Mensch ansprechbar wirkt, es sowieso keinen Zweck hat, ob die Spucke wegbleibt oder das Ohr oder auch das Herz sich öffnet.

Die Übungen zum Eindruck und Ausdruck erfordern Ernsthaftigkeit und die Konzentration im spielerischen Umgang miteinander.

Bewegungsintensive Vorübungen wie
Blitz
oder
Hutträger
sind vorher einzusetzen.

Mit Gesten sprechen

15 – 20 Minuten
8 – 24 MitspielerInnen

Wir stellen uns in zwei Reihen mit einem Abstand von drei Metern gegenüber.

Am Ende der Reihe macht einer eine einfache Gestik:
Er schüttelt Hände,
atmet sichtlich erleichtert auf,
träumt gedankenversunken vor sich hin,
sieht erstaunt etwas Unfaßbares,
zittert vor Aufregung,
blickt entgeistert,
runzelt mit der Stirn
oder wischt Staub vom Fensterbrett.

Sein Gegenüber nimmt diese Gestik auf und verändert sie. So verstärkt oder vermindert er das Händeschütteln, fügt dann eine andere gestische Handlung an.

Sein Gegenüber übernimmt dann seine Handlung ... usw.
Nach drei Durchläufen werden bestimmte darzustellende Eigenschaften eingegeben.

Jeweils eine Reihe stellt die Eigenschaften gemeinsam dar, die anderen schauen zu.
Zuerst ist die Eigenschaft mit dem Gesicht,
dann mit dem ganzen Körper auszudrücken.

Begriffsbeispiele:
Mutig,
ängstlich,
anmaßend,
aufmüpfig,

verliebt,
wütend,
teilnahmslos,
interessiert,

überlegen,
behutsam,
loyal,
nachdenklich,

abwägend
erschrocken und
aufgeregt.

Jetzt werden die Darsteller zu Zuschauern und die Zuschauer werden zu Darstellern.

Auch von der zweiten Gruppe sind die gleichen Begriffe darzustellen.

Rasender Reporter

15 – 20 Minuten bei mehreren Durchgängen
Ab 8 MitspielerInnen

Es ist etwas tolles geschehen. Alle sind begeistert. So kommt
auch der rasende Reporter aus der Stadt und will an dem Ereignis
teilhaben. Es ist grandios. Er ist wie alle anderen, er ist im wahrsten Sinne des Wortes

sprachlos!

Versuche, als sprachloser Reporter deine Mitmenschen zu inter-
viewen. Setze deine körperlichen und gestischen Ausdrucksformen ein, um mehr von dem grandiosen Ereignis zu erfahren.

Rollenwechsel nach zwei Minuten.

Der zweite Reporter dolmetscht mit Sprache das erste
Geschehen.
Hat er nichts verstanden,
sagt er es uns mit nichtssagenden Worten.

Der dritte Reporter ist wieder sprachlos... usw.

Discofieber

30 Minuten mit mehreren Durchgängen
Ab 8 MitspielerInnen

Zu einer fiktiven Musik, zu einem fiktiven Rhythmus tanzen
zwei Paare auf einer gedachten Tanzfläche. Dabei versucht ein
Spielpaar die anderen beiden anzumachen.
Wie sie das machen, bleibt ihnen überlassen.
Ob mit Charme,
ob auf die plumpe Tour,
ob sie einen spendieren,
einen Anfall bekommen,
ob das Bier umkippt
oder sie offen ausdrücken,
was sie wollen.

Die Angemachten entscheiden sofort,
ob sie die Anmache annehmen,
ob sie die Anmache übergehen.

Rollenwechsel nach zwei Minuten.

Nachbesprechung erforderlich:

Gibt es eine typische männliche,
eine typische weibliche Anmache?
Wie ist es dir als Anmacher,
wie ist es dir als TänzerIn ergangen?

Mimik – Gestik – Haltung

20 Minuten bei mehreren Durchläufen
Ab 6 MitspielerInnen

Vier SpielerInnen setzten sich nebeneinander auf Stühle. Alle anderen schauen ihnen zu.

Setze dich bequem hin, laß deine Mimik leerlaufen.
Deine Aufgabe ist es, auf bestimmte eingegebene Zustände zu reagieren und diese szenisch darzustellen.
Verändere nur in Nuancen deine Mimik, deine Gestik, deine Körperhaltung.

Unsere Regel:
Je kleiner die Veränderung,
je intensiver ist der Ausdruck.

Hier fünf Zustände:

Einen scheußlichen Ton hören.
Etwas Angenehmes riechen.
Nach langem Grübeln – der erhellende Gedanke.
Sich selbst im Spiegel zufrieden betrachten.
Aus sicherer Entfernung amüsiert einen Streit belauschen.

Anschließend Spielerwechsel.

Bei den anschließenden Durchgängen mit anderen MitspielerInnen werden die gleichen Bedeutungen eingegeben.

Wir werden umkreist

10 – 15 Minuten
Ab 8 MitspielerInnen

Wir bilden einen Kreis, setzen uns hin.
Wir werden umkreist von seltsamen Dingen.
Dazu machen wir die passenden Bewegungen.

Wir werden umkreist:

Von einer Biene,
von einem Schmetterling,
von einem bewaffneten Bankräuber,
von der Kripo,

von einer Fliege,
von einem Schnorrer,
von einem Verschüchterten,
von einem Moped ohne KAT,

von einem Angetrunkenen,
von einem Helikopter,
von einem Kanarienvogel,
von einem Panther,

von einem wilden Bullen,
von einer Riesenportion Eis,
von einem Osterlamm,
von einer Modenschau.

Und plötzlich sind wir

in einem Zugabteil,
auf einer Motorjagd,
beim Eiskunstlauf,
beim Fußballendspiel,

beim Trampolinspringen,
beim Rollschuhfahren,
beim Dressurreiten,
beim Stabhochsprung,

beim Seifenkistenrennen,
beim Würstchenessen,
beim Bäumefällen in Kanada,
beim Rudern,

beim Verdursten,
beim Zwiebelschneiden,
beim Beuteverteilen,
beim Sechstagerennen.

Wir erholen uns

bei Dallas live,
bei der Tagesschau,
bei der Wetterkarte,
bei der Ziehung der Lottozahlen,

beim Wort zum Sonntag,
beim Werbefernsehen,
beim Freibier auf dem Oktoberfest,
beim Auschlafen vom Spielrausch.

Aktivzuschauer

15 – 20 Minuten
6 – 20 MitspielerInnen

Wir schauen unsichtbaren Geschehnissen zu. Dazu bilden wir
einen Kreis, spannen alle unsere Sinne an. In der Raummitte gibt
es Sportspiele und Geheimnisvolles.

Wir sind Zuschauer
beim Tennismatch,
beim Boxkampf,
beim Schneckenrennen,
beim Formel-I-Rennen,
beim Sackhüpfen,
beim Schnürsenkelhüpfen.

Wir sind
in einem Reisebus,
in einer S-Bahn,
in einem Aufzug,
in einem Windkanal,
in einer Hühnerfarm,
in einem Weinlokal,
in einem Eiscafe,
in einer Grotte,
in einem Märchenwald,
in einem Urwald.

Wir
schieben ein Auto den Berg hoch,
schaufeln Schnee beiseite,
rollen den Käse zum Bahnhof,
hängen uns an ein Glockenseil,
laufen Ski,
ruhen uns aus.

Siebtes Kapitel: Greifen und halten

Zum Spieleinsatz

Jeder ist auf Körperkontakt angewiesen. Ein befriedigender Körperkontakt erfordert die Fähigkeit von Halten und Loslassen.

Spielerische Körperübungen ermöglichen eine Kontaktanbahnung, eine Kontaktaufnahme und einen Umgang mit körperlichem Ausdruck.
Als Vorübung hierzu eignet sich Lockerungsübung.

Spiele für MitspielerInnen, die sich kaum kennen:
Abklatschen,
Handfallen,
Bär und Maus,
Geier und Henne,
Riesenfüßler,
Puppentanz,
Wer brüllt da?,
Vampire kommen,
Knäuel,
Schneewalze,
Tastkontakt und
Aufstehen.

Spiele für MitspielerInnen, die sich kennen
- neben den vorgenannten Körperspielen auch:
Mit Händen sehen,
Schlangendrücken,
Dampfwalze,
Förderband,
Löwenbaby,
Kreisfallen,
Pendelfallen,
Jumboflug und
Füßetreten.

Abklatschen

10 – 15 Minuten
Ab 6 MitspielerInnen

Wir bilden eine Reihe. Einer stellt sich mindestens fünf Meter
von der Reihe entfernt mit dem Kopf zur Wand hin.
Wir schleichen uns jetzt behutsam zu ihm hin,
klatschen ihn mit den Händen ab.
Wird er abgeklatscht,
frieren wir sofort ein und er dreht sich schnell um.
Hat er einen in Bewegung gesehen,
schickt er ihn zurück.

Spielerwechsel nach zwei Minuten.

Bär und Maus

10 bis 15 Minuten bei mehreren Durchgängen
Ab 8 MitspielerInnen

Wir bilden einen Kreis. Außerhalb des Kreises treibt ein Bär sein
Unwesen. Im Kreis sitzt die Maus, die vor dem Bär zu schützen
ist.

Der Kreis verkeilt sich ineinander, so daß der Bär nicht durch-
dringen kann.
Oder gelingt es dem Bär trotzdem, die Maus zu fangen?
Fängt er sie,
sind beide erlöst.
Andere werden dann Bär und Maus.

Handfallen

20 – 30 Minuten
Ab 6 MitspielerInnen

Wir bilden Spielpaare. Beide Partner sollten etwa die gleiche
Größe haben. Stellt euch hintereinander. Der vordere Partner –
Mitspieler A – spreizt seine Beine auseinander. Der hintere Part-
ner – Mitspieler B – legt seine Hände auf den Rücken seines
Partners.

B beginnt, den Rücken von A abzuklopfen.
B läßt dabei seine beiden offenen Handinnenseiten im Rhythmus auf den hinteren Körper von A fallen,
beginnt hierbei bei den Schulterpartien,
über den Po
bis zu den Beinen,
von links nach rechts und von oben nach unten.

Die Wirbelsäule von A ist auszusparen.

Die Abfolge des Handfallens ist mehrmals zu wiederholen.
Zum Schluß ist der Rücken von A durch B großflächig mit den
Handinnenseiten zuerst kräftig,
dann zärtlich abzustreicheln.

Anschließend Rollenwechsel.

Mit Händen sehen

20 Minuten
Ab 8 MitspielerInnen

Wir bilden Spielpaare.
Stellt euch voreinander, schaut euch an.
A schließt die Augen.
B verändert seine Körperhaltung.
Der *Blinde* ertastet jetzt die veränderte Körperhaltung von B und übernimmt anschließend auch die Körperpostion von B.

Danach macht A seine Augen auf und vergleicht seine Körperpostion mit der von B.
Der Übungswechsel ist mehrmals vorzunehmen.

Nach einiger Übung können bei der Körperhaltung auch Details verändert werden, die vom Spielpartner zu ertasten und zu übernehmen sind.

Geier und Henne

10 Minuten
Ab 8 MitspielerInnen

Wir bilden eine Schlange und halten uns an den Schultern des jeweiligen vorderen Partners fest. Der erste der Schlange ist der Geier. Er versucht den letzten der Schlange, das ist die Henne, zu fangen.

Fängt der Geier die Henne, wird die Henne zum Geier.

Schlangendrücken

10 Minuten
Ab 8 MitspielerInnen

Wir stellen uns in zwei Reihen gegenüber. Wir bilden zwei Schlangen. Jede Reihe faßt sich fest an den Händen. Jede Schlange drückt jetzt mit vereinter Kraft gegen die jeweils andere Schlange.

Spielvariation: Drückt Rücken an Rücken.
Stellt euch hintereinander auf, haltet dabei die Schultern des vorderen Spielpartners mit den Händen fest. Drückt die andere Schlange kräftig beiseite.

Drückt die andere Schlange seitwärts Po an Po.

Riesenfüßler

10 Minuten
Ab 6 MitspielerInnen

Drei MitspielerInnen bilden einen Riesenfüßler. Alle anderen schauen zu oder machen selbst Riesenfüßler.

Der Riesenfüßler hat zwölf Beine, bewegt sich gemeinsam mit Armen und Beinen tanzend und schaukelnd fort. Der Riesenfüßler hat nur noch zehn Beine, nur noch neun Beine.
Er hat nur noch drei, zwei Beine.

Ob er sich jetzt noch fortbewegen kann?

Dampfwalze

10 Minuten
Ab 8 MitspielerInnen

Wir legen uns eng Kopf an Kopf im Reißverschlußverfahren nebeneinander auf den Boden.

Der Letzte an der Menschenbrücke beginnt ganz langsam, als Dampfwalze über die anderen hinwegzurollen. Die Menschenbrücke hilft der Dampfwalze beim Rollen mit den Händen nach, da keiner erdrückt werden möchte.
Beim Brückenende wird die Dampfwalze zum neuen Brückenbelag.

Liegen mehr als zwölf MitspielerInnen auf dem Boden, können gleichzeitig zwei Dampfwalzen rollen.

Förderband

10 Minuten
Ab 8 MitspielerInnen

Wir legen uns eng im Reißverschlußverfahren Kopf an Kopf nebeneinander.

Jeder streckt seine Arme aus. Der Letzte der Reihe legt sich behutsam auf die ausgestreckten Arme. Die Arme beginnen als Förderband zu laufen und transportieren den Liegenden an das andere Ende des Förderbandes.

Jeder kann sich mehrmals transportieren lassen.

Löwenbaby

10 – 15 Minuten
Ab 8 MitspielerInnen

Einer von uns ist ein niedliches verspieltes Löwenbaby. Jeder kann das Löwenbaby kraulen.

Plötzlich wächst das Löwenbaby, bekommt richtige gefährliche Löwentatzen.

Wir müssen uns vor den Löwentatzen schützen. Der Löwe schnappt erbarmungslos sein Opfer, reißt es zu Boden. Liegt sein Opfer auf dem Boden, wird das Opfer zum neuen Löwenbaby.

Kreisfallen

10 – 15 Minuten
8 – 10 MitspielerInnen pro Spielgruppe

Wir bilden einen Kreis mit acht bis zehn MitspielerInnen je Spielgruppe.

Einer geht in die Kreismitte, spannt seinen Körper zu einer Kerze an und läßt sich in eine beliebige Richtung fallen.

Der Kreis fängt den Fallenden auf und wirft ihn sanft in eine andere Richtung oder reicht ihn im Kreis umher.

Jeder sollte die Möglichkeit zum Kreisfallen erhalten.
Der Fallende hat selbst zu einem Schluß zu kommen.

Pendelfallen

15 Minuten
5 MitspielerInnen pro Spielgruppe

Jeweils fünf MitspielerInnen bilden eine Spielgruppe. Einer geht in die Mitte,
erstarrt zu einer Kerze,
schließt seine Augen,
läßt sich jeweils vorwärts oder rückwärts fallen.

Die anderen vier MitspielerInnen bilden zwei Paare, fangen den Fallenden als Paar auf.

Den Falldruck mindert das jeweilige Fangpaar mit einem körperlichen Entgegenkommen und mit ausgestreckten Armen ab und drückt ihn zum anderen Paar.
So pendelt die Kerze hin und her.

So lassen sich auch Schwergewichtige leicht auffangen.

Jeder sollte die Möglichkeit zum Pendelfallen haben.

Der Fallende bestimmt selbst den Schluß.

Puppentanz

30 – 45 Minuten
Ab 6 MitspielerInnen

Wir verteilen uns gleichmäßig im Raum,
ohne einen anderen zu behindern.

Probiere Gelenkbewegungen aus.
Führe jede Bewegung behutsam durch.
Friere nach jeder Bewegung kurz ein.

Setze dich mit ausgestreckten Armen im Schneidersitz hin.
Strecke deine Beine aus.
Spanne deine Beine an. Stelle dich hin.
Kreise mit deinem Becken.

Gemeinsam machen wir extreme Gelenkbewegungen mit dem
Kopf,
den Händen,
den Fingern,
den Armen,
dem Becken,
den Füßen
und mit den Fußgelenken.

Mit einem Partner zusammen:

A bewegt die einzelnen Glieder von B.
B läßt sich von A als Puppe bewegen.
Dabei bestimmt die Puppe,
was zu machen ist.

Beispiele:

Ich will auf dem Boden liegen,
im Schneidersitz sitzen,
als Torwart einen Ball fangen.

Der Beweger führt die Bewegungswünsche von B aus.
Die Bewegungschritte sind behutsam auszuführen.

Danach Rollenwechsel.

Die Puppe schließt die Augen.

Der Beweger bewegt die Puppe nach seinen Vorstellungen.

Danach Partnerwechsel.

Wer brüllt da?

10 – 15 Minuten
Ab 6 MitspielerInnen

Wir gehen durch den Raum.
Wir gehen schnell, noch schneller, laufen.
Wir rufen, brüllen,
damit wir verstanden werden.

Was am deutlichsten alle verstehen,
übernehmen wir nach und nach.
Den gemeinsamen Slogan rufen wir einmal
laut,
leise,
wehmütig,
fröhlich,
verwegen,
zitterig,
aggressiv,
besorgt und
selbstbewußt.

Jetzt machen wir zusammen Krach,
abwechselnd laut und schwach,
abwechselnd deftig und plätschernd.

Der Lärmpegel läßt nach,
er plätschert vor sich hin,
er verstummt und wir auch.

Vampire kommen

20 Minuten
Ab 6 MitspielerInnnen

Vampire gehen um. Die Vampire steigen in der Dunkelheit aus ihren Särgen (= *Raum verdunkeln oder Augen schließen*) und beißen mit überkreuzten Zeigefingern die verbleibenden Menschen in den Nacken.

Einer von uns ist der Vampir.
Alle anderen sind Menschen.
Beißt dich ein Vampir,
schreist du kräftig auf
und wirst auch ein Vampir.

Ist kein Mensch mehr da,
fängt das Spiel von vorne an.

Wir machen ein Vampirfest,
wir tanzen,
fauchen und
kreischen.

Wir ziehen uns in unsere Särge zurück,
träumen von unserer nächsten Vampirnacht.

Als moderne Vampire legen wir uns auf den Boden,
stimmen unseren Klagegesang an.

Jumboflug

15 – 20 Minuten bei mehreren Durchgängen
10 MitspielerInnen pro Spielgruppe

Gleich fliegt ein Jumbo.

Einer legt sich mit dem Rücken auf den Boden,
schließt seine Augen.

Das ist der Jumbo.

An jeder Körperseite verteilen sich bei ihm vier MitspielerInnen,
gehen dazu in die Hocke,
einer kniet sich ans Kopfende.

Der Jumbo wird jetzt behutsam auf seinen Start vorbereitet.
Unter dem Jumbo halten die sich Gegenüberstehenden an den
Armgelenken fest,
um das Jumbogewicht ausgleichen zu können.

Der Jumbo bekommt Starterlaubnis,
hebt ab.

Beim Starten,
beim Fliegen summen die neun Piloten.

Der Jumbo wird bis über die Köpfe gehoben,
sein Körper bleibt in der gleichen Höhe.

Der Flug beginnt.

Der Jumbo hebt ab in den Himmel.
Sein Himmel ist der Raum.
Verändert auch die Flughöhe,
macht Drehungen.

Gleitet tiefer
und tiefer,
ganz tief.

Summt beim Fliegen weiter.

Steigt vor der Landung mit dem Jumbo noch einmal hoch,
ganz hoch,
gleitet zu Boden,
landet.

Das Summen dauert bis kurz nach der Landung an.

Jetzt steigt ein anderer Jumbo auf.

Nach Möglichkeit sollte jeder die Chance haben, einmal ein
Jumbo sein zu können,
sofern alle Piloten es auch wollen.

Knäuel

10 Minuten
8 – 16 MitspielerInnen pro Knäuel

Einer geht aus dem Raum.
Seine Aufgabe ist es, anschließend ein Knäuel zu entwirren.
Alle anderen fassen sich an den Händen und bilden ein Knäuel.

Wir gehen untereinander her,
verknoten uns.

Das Spiel ist mehrmals wiederholbar.

Füßetreten

5 – 10 Minuten
Ab 10 MitspielerInnen

Wir bilden einen Kreis, fassen unsere Nachbarn fest an der Taille.

Versucht,
euerm Gegenüber im Kreis auf die Füße zu treten.

Dabei versuchen die anderen das gleiche,
oder helfen sich in stiller Übereinkunft.

Starte Überraschungsangriffe,
agiere und reagiere blitzartig.

Schneeschmelze

10 Minuten
6 – 10 MitspielerInnen pro Spielgruppe

Wir bilden einen Kreis mit sechs bis zehn MitspielerInnen. Sind mehr da, werden entsprechend mehr Kreise gebildet.

Wir fassen uns an den Hüften und bilden einen riesengroßen Schneeberg auf dem Watzmann.
Langsam kommt die Sonne,
steigt von der kalten Morgenröte hoch,
bringt nach und nach sommerliche Mittagsglut.

Für uns verheerend.
Wir schmelzen allmählich,
fallen zusammen.

Unser Riesenschneeberg wird kleiner und kleiner,
wird enger und enger,
rollt,
kullert,
kuschelt zusammen,
wärmt sich an der Sonnenwärme.

Wir legen uns kreuz und quer,
halten die Hüftverbindung bei.

Tastkontakt

10 – 15 Minuten
Ab 6 MitspielerInnen

Wir bilden einen großen Kreis, schließen die Augen. Auf ein Zeichen hin (= *Händeklatschen*) geht jeder im Zeitlupentempo zur Kreismitte.

Nimm einen Tastkontakt zu einem anderen auf.
Erforsche sein Gesicht,
seine Arme, seinen Rücken.
Hast du genug geforscht, gehst du zum Spielrand.
Öffne deine Augen wieder.

Aufstehen

10 Minuten
Ab 6 MitspielerInnen

Ein Spielpaar setzt sich Rücken an Rücken auf den Boden.

Steht gemeinsam auf, haltet das Gleichgewicht.
Zusätzlich könnt ihr die Handinnenflächen aneinanderdrücken.
Versucht das gleiche
zu dritt, zu viert, zu fünf … usw.

Versucht es so lange,
bis alle gleichzeitig miteinander aufstehen können.
Stützt euch beim Gleichgewichthalten gemeinsam ab.

Achtes Kapitel: Spiele ohne Worte

Zum Spieleinsatz

Wortlose Spiele fesseln Zuschauer wie Darsteller. Mit kleinen Gesten, mit Details bieten bereits Handlungsandeutungen der eigenen Phantasie einen reichen Nährboden für eine selbsterdachte Geschichte in der Geschichte.

Zuvor sollten Wahrnehmungsübungen in die sprachlosen Spiele einführen:
Gefühlsreise,
Gefühle ausdrücken
und
Gefühle spiegeln.

Beim Barbier

30 – 40 Minuten
Ab 8 MitspielerInnen

Ein Spielpaar denkt sich eine Geschichte aus, die in einem Friseursalon spielt. Die Geschichte wird anschließend ohne Worte gespielt. Beim ersten Durchgang können nur zwei zuschauen. Alle anderen gehen während der Erstaufführung aus dem Raum.

Die Rahmenhandlung:

Ein vornehmer Herr läßt sich von einem angetrunkenen Barbier den Bart schneiden. Die Szene beginnt mit der Begrüßung und dem Ablegen des Mantels vom Kunden und endet mit der Verabschiedung.

Während der Geschichte kann es zu Peinlichkeiten und Verwechslungen kommen. Die Ausgestaltung der Geschichte übernimmt das erste Spielpaar.

Anschließend spielt das zweite Spielpaar die gleiche Geschichte nach, wobei jetzt das erste und das neue dritte Spielpaar zuschauen können. Beim nächsten Durchgang sieht das erste, zweite und das neue vierte Spielpaar zu ... usw.

Gelingt es, die Geschichte bis zum letzten Durchgang originalgetreu nachzuspielen? Den letzten Durchgang spielt originalgetreu das erste Spielpaar mit ihrer Ausgangsfassung.

Kaugummi

10 – 15 Minuten
Ab 8 MitspielerInnen

Stelle dich so im Kreis, daß du jeden sehen kannst.
Spreize die Beine ab, stelle dich bequem hin.

Ach das Kaugummi ...
Seht: Es ist ein richtiges Kaugummi
Kaugummi wird pantomimisch dargestellt.
Zuerst nehme ich das Kaugummi aus seiner Verpackung.
Jetzt stecke ich es in meinen Mund – mmh, lecker!
Und nun gebe ich dieses leckere Erdbeerkaugummi meinem
Nachbarn.
Was macht der wohl damit?
Er kann es weitergeben,
wegwerfen,
Geige drauf spielen ...
Er kann das Kaugummi in sein Haar flechten
oder was ihm dazu einfällt.

Jeder macht zum Kaugummi nur eine Geste. Mache deine Geste
im Zeitlupentempo, verändere langsam ein Detail nach dem
anderen.

Hieraus kann eine Kaugummigeschichte entstehen,
die wir uns erzählen,
anschauen
und weiter erzählen ...

Kettenpantomime

20 Minuten
Ab 8 MitspielerInnen

Wir bilden einen großen Kreis und erzählen uns pantomimisch eine Geschichte.

Beispiel: Bei A macht ein Flötenspieler Musik.
Bei B wird dieser Flötenspieler zum Jongleur.
Bei C wird der Jongleur zum Akrobat ... usw.

Jeder sollte mehrmals die Möglichkeit zur szenischen Fortsetzung der Geschichte haben, wobei die Geschichte des vorherigen Partners aufzugreifen ist. Diese Szene kann verändert oder ausgebaut werden.

Wahrzeichen

20 – 30 Minuten
Ab 6 MitspielerInnen

Großstädte in Europa lassen sich leicht an Wahrzeichen erkennen, wie der Meerjungfrau von Kopenhagen. Wir stellen allein oder mit einem Partner Weltstädte dar. Alle anderen schauen zu und versuchen die gemeinte Stadt herauszufinden.

Die Darsteller können das Spiel erschweren, wobei ein Stadtsymbol als Standbild oder als Szene ohne Sprache darstellbar ist. Der Eifelturm steht für Paris. Das kennt jeder. Und wenn nur das Lächeln der Mona Lisa erscheint? Jeder hat mehrere Durchgänge.

Spiegelbild

20 Minuten bei zwei Durchgängen
Ab 6 MitspielerInnen

Bei mehr als zwölf MitspielerInnen ist die Gruppe in Zuschauer und Darsteller aufzuteilen. Es erfolgen dann zwei Durchgänge mit Rollenwechsel.

Wir bilden Spielpaare. Die einzelnen Spielpaare denken sich eine kleine darstellbare Handlung aus. A macht die Handlung vor, B macht die dargestellte Handlung von A zeitgleich nach.

Die Handlungen werden im Zeitlupentempo dargestellt, ohne sich zu berühren oder miteinander zu sprechen.

Handlungsbeispiele:

Beim Pferderennen.
In der schwerelosen Raumkapsel.
Eine große schwere Spanplatte zur Baustelle tragen.

Einen Doppelzentner Kartoffeln in den Keller schleppen.
Training beim Gewichtheben.
Eine Mauer anstreichen.

Darzustellen sind mehrere Handlungen jeweils mit einem Rollenwechsel.

Verkehrschaos

20 – 30 Minuten
Ab 8 MitspielerInnen

Es wird ein Stichwort, ein Satz eingegeben, der pantomimisch mit einer kleinen Geschichte darzustellen ist. Als Ausdrucksmedium dienen der Körper, die Gestik und Mimik. Zusätzlich sind die Szenen mit typischen Geräuschen und Lauten untermalbar.

Beispielhandlungen:

Verkehrschaos auf der Autobahn.
Winterschlußverkauf.
Eisenbahnüberfall.
Kartenvorverkauf für die Sporthalle.

Sauerstoffmangel im Unterseeboot.
Weihnachtsmann im Karneval.
Räumung eines besetzten Hauses.
Sechs Richtige im Lotto.

Entendisco im Teich.
Kannibale in der Wüste.
Made im Speck.
Eisregen im Berufsverkehr.

Liebeskummer von Autofreaks.
Strandsurfen bei Hochbetrieb.
Ausgehungert, fern der Heimat.
Schlacht am kalten Buffet.

Durchsichtige Wand

20 Minuten bei mehreren Durchgängen
Ab 8 MitspielerInnen

Drei oder vier MitspielerInnen stellen ohne Sprache eine Szene dar.
Zwischen ihnen und den Zuschauern steht eine durchsichtige Wand.

Die Spielgruppe stimmt ihr darzustellendes Thema ab. Die Handlung
ist behutsam,
ist eindeutig
darzustellen,
damit die Zuschauer den Inhalt verstehen können.

Schiebt ein Zuschauer die unsichtbare Wand beiseite, sind die Darsteller auch *zu hören*.
Wird die durchsichtige Wand vor *einem Darsteller* weggeschoben,
so ist nur der eine Darsteller zu hören.
Die anderen Darsteller drücken sich dabei wortlos aus.

Die Spielzeit für jeden Durchlauf mit den gleichen Darstellern ist vor dem Spielbeginn zu begrenzen.

Zeitlupe

20 – 30 Minuten bei mehreren Durchgängen
Ab 8 MitspielerInnen

Wir bilden zwei Gruppen. Jeweils im Wechsel rennt eine Gruppe in Zeitlupe um die Wette und die anderen schauen zu.

Beim Rennen oder beim Bewegen ist der Bewegungsfluß beizubehalten.

Und wie?

Wir stellen uns beim Start nebeneinander auf und laufen in Zeitlupe drauflos.
Im laufenden Bewegungsfluß spiegelt das Gesicht die Anstrengung,
die Arme ausgefahren,
die Schulter hochgerissen.
Atme in Zeitlupe
durch die Nase ein,
durch den Mund aus.

Und was?

Bergsteigen mit Sandalen.
In den verstaubten alten Weinkeller gehen.
Rutschen über den zugefrorenen Bodensee.
Aufsteigen als gefüllter Heißluftballon.
Bärenwalzer tanzen.
Verkehr regeln beim Eisregen.
Alsterbummel bei Nacht.
Sich durch die vollbesetzte Bahn drängeln.
Kajakfahren im Eismeer.

Bewegungsspiegel

30 – 40 Minuten
Ab 6 MitspielerInnen

Wir bilden Spielpaare.
Stellt euch gegenüber.
Seht euch in die Augen.

A bewegt sich.
B spiegelt die Bewegungen von A.
Führt die Bewegungen behutsam vor,
spiegelt die Bewegungen ebenso behutsam.

Nach etwas Übung ergibt sich ein gemeinsamer Bewegungsfluß.

Haltet während der Übung Kontakt mit den Augen,
ohne euch zu berühren.

Nach mehreren Minuten wechselt die Bewegungsführung flie-
ßend zwischen A und B.
Gemeinsam werden Geschichten im Bewegungsfluß erzählt.

Neuntes Kapitel:
Spiele für Zwischendurch

Zum Spieleinsatz

Für den Übergang zwischen zwei verschiedenen Spielblöcken, zum Pausenfüllen, zum inneren Luftholen – *Spiele für Zwischendurch.*

Die Spiele sind in einer beliebigen Reihenfolge ohne den vorherigen Einsatz anderer Übungen für drinnen und draußen einsetzbar.

Herbeiblinzeln

15 – 20 Minuten
Ab 12 MitspielerInnen

Wir bilden zwei Kreise.
Ein Kreis bildet den Innenkreis,
der andere Kreis bildet den Außenkreis.

Alle des Innenkreises setzen sich auf Stühle,
wobei ein Platz frei ist.

Alle anderen stellen sich als Aufpasser hinter die Stühle des Innenkreises.

Jetzt versuchen die MitspielerInnen, die links oder rechts neben dem freien Stuhl sitzen,
einen anderen aus dem Innenkreis herbeizublinzeln.

Das ist schwer,
da der Aufpasser des Herbeigewünschten das zu verhindern trachtet.

Beide können zusammen auch Täuschmanöver machen.

Beispiel:
Einer blinzelt offen die Aufpasser an,
der andere blinzelt unscheinbar.

Rollentausch nach mehreren geglückten Ausbrüchen.

Totblinzeln

15 – 20 Minuten bei mehreren Durchgängen
Ab 12 MitspielerInnen

Wir setzen uns im Kreis.
Jeder erhält einen Zettel.
Auf einem Zettel steht das Wort *Mörder*.
Wer vom Mörder angeblinzelt wird,
fällt um oder sackt zusammen.

Die noch Lebenden sollten vor ihrem Ableben herausfinden,
wer der Mörder ist.
Wer den Falschen verdächtigt, scheidet aus.

Kriminaler

15 Minuten bei mehreren Durchgängen
Ab 12 MitspielerInnen

Wir bilden einen Kreis. Wir sind auf der Polizeiwache. Jeder von
uns zieht einen Zettel. Auf einem Zettel steht das Wort *Täter*, auf
einem anderen Zettel das Wort *Kriminaler*.

Der Kriminale soll den Täter überführen.
Zuerst verdächtigt der Kriminale alle.
Der Täter versucht,
mit einem Anblinzeln alle Mitwisser auszuschalten.
Dem Täter ist der Kriminale auf der Spur.
Kann er ihn überführen,
bevor es ihm an den Kragen geht?

Brüllaction

10 – 15 Minuten
Ab 10 MitspielerInnen

Wir gehen durch den Raum.

Gehe,
werde schneller,
noch schneller,
laufe.

Rufe nach Hilfe,
schreie die günstigen Frischfischpreise,
schimpfe über alles und nichts,
brülle Überfall, Feuer
oder was dir einfällt.
Deinen ersten gebrüllten Satz behältst du bei.

Übernehme die Körperhaltung,
die Gestik,
den Gang,
die deinem Gebrüll entsprechen.

Übernehme nach und nach das Gebrüll,
das am kräftigsten zu dir dringt
- es kann auch dein Gebrüll sein.

Schüttele deinen Körper,
bis du nicht mehr kannst.

Das Gebrüll läßt nach,
verstummt nach einem Aufflackern.
Lege dich hin.
Atme durch die Nase ein,
atme durch den Mund aus.

Gesprächsaction

10 – 20 Minuten
Ab 8 MitspielerInnen

Wir bilden Spielpaare. Mit deinem Partner sprichst du über Belangloses, Nebensächliches. Denke dir selbst ein beliebiges Thema aus.

Themenanregungen:

Die Bedeutung des Fettgehaltes der Gardinenstangen.
Das Wachstumsverhalten der Einmachglaserbsen.
Gelb als Farbe der kommenden Weltrevolution.
Der Preßlufthammer als Medium der Kontaktanbahnung.
Die Überdüngung des Weißkohlanbaues in Grönland.
Die Zellteilung von Treibhausautomaten im Winter.

Zur Spieldurchführung

Beim Gespräch bleibt jeder bei seinem Anliegen.
Vertrete dein Thema mit lebendiger Überzeugungskraft, als ob die Existenz aller daran hängen würde.

Übertölpele deinen Partner so
mit Charme,
naiver Kindlichkeit,
daß er sich nur noch für dein Thema interssiert
und seins vergißt.

Langfinger

15 – 20 Minuten
Ab 8 MitspielerInnen

Auch klauen will gelernt sein. Daher probieren wir jetzt Langfingertricks aus.

Ort der Handlung:
In einem Cafe irgendwo in Spanien oder anderswo. An mehreren Tischen verteilt sitzen Touristen und Einheimische. Ein Tourist hat eine Kamera, eine Gitarre, eine Umhängetasche und Euroschecks dabei.

Aufgabe:
Lenkt den Touristen ab und klaut ihm unbemerkt seine touristischen Gegenstände. Wenn du moralische Bedenken hast, kannst du die Gegenstände bei ihm 'ausleihen' oder für ihn 'sicher aufbewahren'.

Du kannst den Touristen
in ein Gespräch verwickeln,
ihn anrempeln,
ihn hypnotisieren,
einen Anfall bekommen,
dich als Liebespaar tarnen ...
In einem günstigen Moment kann ein Hehler von dir sich die Gegenstände von ihm aneignen.

Auch im Spiel ist die Handlung ernstzunehmen. Der Geschädigte darf von der Aktion nichts mitbekommen. Innerhalb von höchsten zehn Minuten sind alle Gegenstände unbemerkt zu entwenden.

Nachbesprechung erforderlich:
Gibt es einen Bezug zur Wirklichkeit?

Im Tunnel

10 – 15 Minuten
Ab 12 MitspielerInnen

Einer wird mit verbundenen Augen aus dem Raum geführt.

Alle anderen knien auf den Beinen,
bilden einen Tunnel mit Windungen,
wodurch der Blinde nachher kriecht.

Nach Fertigstellung des Tunnels darf die blinde Lock reinkommen und durch den Tunnel fahren oder kriechen.

Das ist schwer und macht zusammen Spaß.

Danach kommt eine andere blinde Lock ...

Detektivspiel

10 – 15 Minuten
Ab 8 MitspielerInnen

Einer geht aus dem Raum. Seine Aufgabe ist es, unseren Bewegungscode zu enttarnen:
Einer von uns macht eine Bewegung, die alle anderen nachmachen.

Der Detektiv soll den Bewegungsmacher herausfinden.

Danach gibt es einen anderen Detektiv.

Blindgang

15 – 20 Minuten bei mehreren Durchgängen
Ab 6 MitspielerInnen

In dem Raum stellen wir verschiedene Gegenstände wie Tische,
Stühle, Flaschen ...

Einer geht jetzt durch den Raum,
als ob er nicht sehen könnte.
Seine Augen bleiben offen.

Alle anderen schauen zu:

Geht er wie ein Blinder?
Bewegt er sich übervorsichtig,
selbstbewußt?
Blufft er,
trickst er sich an den aufgestellten Hindernissen vorbei?

Die Übung sollten mehrere MitspielerInnen hintereinander ausprobieren, ohne zwischendurch dazu etwas zu sagen.

mit M.

Verdrehte Welt

10 Minuten
Ab 8 MitspielerInnen

Zwei MitspielerInnen gehen aus dem Raum. Einer davon ist ein Krankenhausarzt, der andere ist sein Assistent.

Beide haben eine wichtige Aufgabe:
Sie sollen bei ihrer Tagesvisite die Krankheit der verdrehten Welt entdecken.

Die Ärzte stellen den Patienten Fragen.

Der erste Patient antwortet nicht.
Der zweite gibt die Antwort zu der Frage des ersten Patienten.
Der dritte antwortet auf die Frage, die dem zweiten Patienten gestellt wurde.

Ob das Team die Krankheit entdeckt?
Werden die Ärzte bei der Visite ungeduldig,
können die Patienten die Antwortart verdeutlichen.

Zehntes Kapitel:
Bewegen und loslassen

Zum Spieleinsatz

Auch bei Körper- und Bewegungsspielen gibt es ein Spielende, einen Spielausklang. Daher eignen sich die Spiele ohne Spielbesprechung *Bewegen und loslassen* zum auseinandergehen.

Dann heißt es:
Tschüss – bis zum Nächstenmal!

Knotenbildung

10 Minuten
8 – 12 MitspielerInnen pro Schlange

Wir fassen uns an den Händen, bilden einen Kreis. Langsam bewegen wir uns im Kreis.

Plötzlich wird eine Stelle des Kreises geöffnet.
Statt eines Kreises bilden wir jetzt eine Schlange.
Die Schlange erkundet den Raum,
geht neugierig in die Ecken,
schlängelt sich kreuz und quer,
geht auch über Hindernisse.

Plötzlich verdreht,
verknäult,
verwickelt sich die Schlange mit sich selbst.

Gehe unter anderen hindurch,
steige über andere drüber,
ohne loszulassen.

So werden wir zu einem Schlangenknoten,
der sich ganz eng zusammenknäult,
daß es enger nicht mehr geht.

Jetzt versuchen wir gemeinsam,
den Knoten aufzulösen,
ohne dabei die Hände loszulassen.

Freßsucht

10 Minuten
6 – 12 MitspielerInnen pro Schlange

Wir stellen uns hintereinander, halten fest die Taille des vorderen Mitspielers. So bilden wir eine gefährliche hungrige Schlange, die sich selbst auffrißt.

Der Schlangenkopf versucht das Schlangenende zu fangen. So wird der zum Schlangenkopf und versucht seinerseits das Ende zu fangen. Und der Hunger scheint grenzenlos.

Fang mich

10 Minuten
12 – 20 MitspielerInnen bei zwei Schlangen

Wir bilden zwei gleichgroße Gruppen mit jeweils mindestens sechs Mitspielern. Jede Gruppe wird zu einer Schlange.

Halte dich mit deinen Händen an den Schultern deines vorderen Mitspielers fest. Jede Schlange schlängelt sich so durch den Raum. Das macht Appetit. Der Schlangenkopf der ersten Schlange fängt das Schlangenende der zweiten Schlange. So wächst die eine und schrumpft die andere Schlange.

Das Schlangenende ist gefangen, wenn es vom anderen Schlangenkopf berührt wurde. So wird aus dem ehemaligen Schlangenende der neue, gefräßige Schlangenkopf.

Phantomtau

10 Minuten bei zwei Durchgängen
Ab 8 MitspielerInnen

Da liegt ein unsichtbares Tau, unser Phantomtau.
Das Tau kann keiner sehen.

Jeweils zwei Spielpaare ziehen gegeneinander am Tau. Beide
Paare ziehen mit viel Kraft das jeweils andere Paar zu sich.

Wir stellen uns vor,
das Tau würde sich wie ein richtiges Seemannstau anfühlen:

Das Tau ist dick.
Das Tau ist schwer.
Das Tau ist fest.
Das Tau ist rauh.
Wir strengen uns kräftig an, damit wir die anderen zu uns rüber-
ziehen können.
Reagiert auf die anderen.

Spielvariation:

Statt zwei gegen zwei ziehen jetzt
vier gegen vier,
zwei gegen fünf
oder einer gegen alle anderen als Mann oder Frau des Jahr-
hunderts.
Beim Phantomtauziehen geht das.

Weltraumschweben

30 Minuten bei mehreren Durchgängen
10 MitspielerInnen pro Spielgruppe

Jeweils zehn MitspielerInnen bilden eine Spielgruppe. Einer oder eine jeder Gruppe legt sich ausgestreckt auf den Boden.

Zu beiden Körperseiten stellen sich mindestens vier MitspielerInnen auf.
Ein Neunter stellt sich hinter den Kopf des Liegenden. Während des Schwebens wird nicht gesprochen.

Alle gehen jetzt in die Hocke,
legen behutsam ihre Hände für kurze Zeit auf den Körper des Liegenden.
Mit den Handinnenseiten fassen sie nun vorsichtig unter dem Körper des Liegenden,
heben ihn gleichmäßig hoch.

Der Schwebende wird bis zur Kopfhöhe des kleinsten Trägers angehoben,
einmal etwas höher,
einmal etwas tiefer.
Nach mehreren Minuten wird der Schwebende vorsichtig herabgelassen.

Zum Abschied legen die Träger ihre Handinnenseite wieder für kurze Zeit auf den Körper des Liegenden.

Jeder sollte die Möglichkeit zu einem Weltraumschweben haben.

Servusklatschen

5 – 10 Minuten
Ab 8 MitspielerInnen

Sag zum Abschluß leise Servus.
Wir klatschen zum Abschluß.

Dazu setzen wir uns alle im Kreis.

Jeder klatscht erst sachte.
Horche auf andere, schaue sie an.

Nach und nach einigen wir uns auf einen gemeinsamen
Klatschrhythmus.

Der Rhythmus geht reihum.
Zuerst klatscht einer,
dann klatschen zwei,
dann klatschen drei MitspielerInnen reihum gemeinsam einen
Rhythmus.

Jetzt klatscht jeder reihum den gleichen Rhythmus,
die gleiche Lautstärke,
den gleichen Klatschabstand.

So sagen wir uns klatschend und dazu kannst du im Rhythmus
mitsummen,
wie es uns ergeht,
schauen uns an.

Langsam verstummt
das Klatschen,
das Summen
und sagen uns damit leise Servus.

Kirmesraupe

5 Minuten
10 – 30 MitspielerInnen

Wir bilden einen Kreis, fassen uns fest an den Händen. Langsam setzt sich unsere Kirmesraupe in Bewegung. Dabei sehen wir zur Kreismitte.

Die Kirmesraupe wird schneller und schneller, sie fliegt.
Die Raupe wird langsamer und langsamer, sie steht.

Wem es während der Fahrt unheimlich wird brüllt ganz laut STOP!
Die Raupe macht dann sofort eine Notbremsung.

Und los geht es:
Wir drehen uns alle um,
fassen uns wirklich fest um die Taillien der Nachbarn, machen unsere Augen zu für eine Raupenfahrt mit Verdeck.
Schließe deine Augen.
Langsam kommt die Raupe in Bewegung.
Wem es schwindelig wird, der kann spienzeln.
Blicke nach vorne, nicht in die Fahrtrichtung.
Du kannst jetzt ein Gefühl bekommen,
als würde die Umgebung wegschwimmen.

Bitte festhalten!
Die Raupe wird schneller und schneller.
Du kannst jetzt
jauchzen, kläffen, jaulen, brüllen.
Die Raupe wird langsamer und langsamer,
verliert an Fahrt.
Die Raupe bleibt stehen.

Register